吳爾芬

Hi! Story

【出版說明】

在文字出現以前，知識的傳遞方式主要就是語言，靠口耳相傳的方式記錄歷史與情感表達。人類的生活經歷、生命情感也依靠著「說故事」來「記錄」。是即人們口中常說的「傳說時代」。然而文字的出現讓「故事」不僅能夠分享，還能記錄，還能更好、更廣泛地保留、積累和傳承。

《史記》「紀傳體」這個體裁的出現，讓「信史」有了依託，讓「故事」有了新的準則：文詞精鍊，詞彙豐富，語言精切淺白；豐富的思想內容，不虛美、不隱惡。選擇人物一生中最有典型意義的事件，來突出人物的性格特徵，以對事件的細節描寫烘托人物的情感表現，用符合人物身分的語言，表現人物的神情態度、愛好取捨。生動、雋永而又情味盎然。

「故事」中的人物和事件，從來就是人類的「熱門話題」。她是茶餘飯後的趣味談資，是小說家的鮮活素材，是政治學、人類學、社會學等取之無盡、用之不竭的研究依據和事實佐證。

中國歷史上下五千年，人物眾多，事件繁複，神話傳說與歷史事實並存，正史與野史交錯互映，頭緒繁多，內容龐雜，可謂浩如煙海、精彩紛呈，展現了中華文化的源遠流長與博大精深。讓「故事」的題材取之不盡，用之不竭。而其深厚的文化底蘊如何呈現，怎樣傳承，使之重光，無疑成為《嗨！有趣的故事》出版的緣起與意趣。

《嗨！有趣的故事》秉持典籍史料所承載的歷史精神，力圖反映歷史的精彩與真實。深入淺出的文字使「故事」更為生動，更為循循善誘、發人深思。

《嗨！有趣的故事》以蘊含了或高亢激昂或哀婉悲痛的歷史現場，以對古往今來無數先賢英烈的思想、事蹟和他們事業成就的鮮活呈現，於協助讀者不斷豐富歷史視域和深度思考的同時，不斷獲得人生啟迪和現實思考，並從中汲取力量，豐富精神世界，在實現自我人生價值和彰顯時代精神的大道上，毅勇精進，不斷提升。

【導讀】

當你仰望夜空時，最常看到的是什麼？

當然是星星和月亮了！

我們知道，它們其實都是宇宙中的天體。其中，我們肉眼可見的星星，絕大部份是離我們很遙遠的恆星，只有五顆是太陽系內的行星，古人分別用金、木、水、火、土來給它們命名。

至於月亮，科學家稱它為地球的衛星。

所謂衛星，指的是一種圍繞著某顆行星按固定軌道運行的天體。太陽系裏的八大行星，除了水星和金星外，都伴有衛星。

其實，除了月亮這顆天然的衛星，我們地球外還環繞著許多小小的「天體」，只不過它們是我們人類製造出來，再投放到外太空的。這些小「天體」運動起來很像衛星，所以被稱為人造衛星，我們平時也經常把它們簡稱為「衛星」。

毛澤東詩詞裏，有一句雄渾大氣的名句：

坐地日行八萬里，巡天遙看一千河。

這句話的意思是說，地球每天都在自轉，我們住在上面，每天不知不覺也跟著它在轉。因為地球赤道全長約四萬公里，也就是八萬里，所以我們每天跟著地球走了八萬里，順便把宇宙中的眾多星河看了一遍。

衛星其實跟我們人類差不多，每天也在跟著地球轉，遨覽宇宙星辰。不同的是，有的人造衛星靜止在地球上空的軌道上，有的則自已繞著地球轉動。

衛星雖然是在我們頭頂看不見的地方活動，但它已經滲透到我們生活的方方面面。

舉個簡單例子，平常我們想去一個陌生的地方，都會用到導航設備。不管是我們的車載導航儀還是手機裏裝的導航地圖，它們都要依靠導航衛星來為我們定位，再為我們規劃路線，指引我們在哪裏掉頭，在哪裏轉彎，往哪個方向走。

人造衛星是個大家族，除了我們上面說的導航衛星外，還有通信衛星、氣象衛星、偵察衛星、測地衛星、殺手衛星，等等。不同種類的衛星，在各個領域為人類社會做出了巨大的貢獻。

可以說，人類把衛星放上天以後，人類歷史就向前跨進了一大步。之前，人類的活動範圍是從陸地到海洋、從海洋到大氣層，而衛星上天後，人類實現了從大氣層到太空的突破，視野有了巨大的變化。

衛星對人類經濟社會的發展起到了很大作用。衛星位於地球上空幾千甚至幾萬公里的高度，可以傳遞訊息，實現跨洋通信。要知道，以前的跨洋通信是在海底鋪設電纜，成本高，還麻煩。有了衛星，就不用電纜了，還可以進行電視轉播。有的衛星一個半小時就繞地球一圈，只要在衛星上裝上相機，就能給地球拍照，這是地面上的任何手段都做不到的。衛星還能用於預報天氣、勘測地形、災難救援、監測森林大火等。特別是我們現在進入資訊社會，衛星的作用就更大了。這也是各個國家爭先恐後相繼發射衛星的原因。

衛星作用這麼大，但衛星的發展歷史其實並不長。

世界上第一顆人造衛星，是蘇聯在一九五七年十月四日發射的。而中國直到一九七〇年四月二十四日二十一時三十五分，才發射了第一顆衛星「東方紅一號」，實現了中國人幾千年的飛天夢。

中國衛星發射起步晚，但進步速度驚人。如今，中國已經是世界航太大國，發射的衛星總數躍居世界第三位，來自中國的星光已經灑遍全世界。

這個豐功偉績不是憑空而來，在它背後，是無數中國航太專業人員的日夜辛勤工作，默默奉獻。在每一次成功發射背後，都飽含著特別能吃苦、特別能戰鬥、特別能攻關、特別能奉獻的載人航天精神。而整個中國航太發展歷程，就是一段中國航太專業人員滿懷壯志，為國爭光、自強不息、頑強拚搏、團結協作、開拓創新的歷史。

這段歷史中，有無數跌宕起伏、可歌可泣的故事。今天，我們就來講講中國航太科技事業的傑出代表——中國人造衛星技術和深空探測技術開拓者之一孫家棟院士的故事。跟著他的足跡，去瞭解中國航太事業的升空之路。

目錄

來自中國的星光

一九二九年四月八日，孫家棟出生於遼寧省蓋縣蓋平師範學校，後來隨父親孫樹人搬到哈爾濱。七歲那年，他進入哈爾濱建設小學，後來轉入一家教會學校讀五年級。一九三九年，因為父親調職，孫家棟又轉入營口市同德學校，讀完六年級。

從蓋縣到哈爾濱，再到營口，孫家棟轉了三所學校才把小學讀完。他的生活經常在變化，但唯一不變的就是好奇心。

小時候的孫家棟，總是對各種東西好奇，特別是新事物，他經常會好奇它們怎麼會是這樣的。看到汽車，他就好奇汽車為什麼自己會跑。哈爾濱的冬天很冷，手握住金屬門把手會被凍住，脫下一塊皮，他就會對這種現象感到奇怪。學數學時，老師說一加一等於二，他就琢磨為什麼一加一等於二。

好奇心讓孫家棟從小養成了勤學好問的習慣，他的成績一直很優異。一九四二年六月，十三歲的孫家棟被哈爾濱第一高等學校土木系錄取。那時，他夢想成為一名土木建築師，將來可以建造大橋。

一九四八年，孫家棟考入哈爾濱工業大學預科班。讀書期間，他聽說學校要增設汽車專業，開始嚮往以後能製造汽車，畢竟那時候汽車更神祕，比建造大橋更有挑戰性。

一九五〇年一月，中共新成立的中國人民解放軍空軍到哈爾濱工業大學挑選人員，孫家棟毅然報名參軍。一天之內，他就從一個學生，變成穿著藍軍裝、戴著制式帽的軍人。

同年，精通俄語的孫家棟，經過多輪考核，和另外二十九名軍人一起被派到蘇聯茹科夫斯基工程學院留學。在那裏，他沒能學到如何製造汽車，但學到了怎麼製造飛機，並憑著優異成績，榮獲一九五八年最高蘇維埃頒發的「史達林獎章」。

一九五八年，孫家棟學成回國。這時，中國航太事業發展最早的火箭、導彈研究機構——中國國防部第五研究院急需技術人才。孫家棟沒能從事飛機製造，而是帶著他留蘇期間積累的航空發動機理論知識，進入第五研究院一分院導彈總體設計部，從事導彈研究。

此後的九年裏，中國自主研製的導彈武器成功地完成了飛行試驗，還成功進行了導彈、原子彈的「兩彈結合」飛行試驗。孫家棟參與了全部研製工作，從導彈總體設計員，升為總體部副主任。

孫家棟本以為，這輩子都要在中國導彈事業上發揮自己的作用，但命運卻在這時候突然拐了個大彎，讓他與衛星事業結緣，並成為中國第一顆人造衛星的技術負責人，中國「風雲二號」衛星工程、北斗導航系統第一代和第二代工程、月球探測一期工程的總設計師。中國第一顆人造地球衛星、第一顆返回式遙感衛星、第一顆繞月人造衛星、第一顆北斗導航衛星……中國航太史上一個個關鍵節點，孫家棟都參與其中，他一生參與設計的衛星，達到中國已發射衛星總數的三分之一。因此，孫家棟也被稱為中國「衛星之父」。

可以說，孫家棟是中國航太領域中最亮的那顆星，他和他參與設計製造的衛星，讓全世界感受到中國星光的璀璨。

要說孫家棟與衛星的故事，得從一九六七年七月二十九日說起。

從導彈到衛星的急轉彎

一九六七年七月二十九日，中國建軍節的三天前，正是北京一年中最炎熱的時候。盛夏的午後，導彈設計師孫家棟像往常那樣，趴在北京南苑的辦公桌上繪製導彈工程圖。天氣酷熱，他不時要用掛在脖子上的毛巾擦一下汗。

這時候，門吱呀一聲被推開了。

孫家棟抬起頭，進來的是一個滿臉嚴肅的陌生人。不等孫家棟開口，來人就自我介紹，說他是中國國防科學技術委員會的汪永肅參謀。

孫家棟不敢怠慢，立刻請汪永肅落坐。

汪永肅卻不坐，開門見山說明了來意：「為了確保第一顆人造衛星的研製工作順利進行，中央決定組建空間技術研究院，由錢學森任院長。錢學森向聶榮臻元帥推薦了你，根據聶老總的指示，決定調你去負責第一顆人造衛星的總體設計工作。你可願意去？」

什麼？人造衛星？

孫家棟感覺有點繞，從導彈跨越到衛星，這個彎也轉得太大了。但聽到是錢學森推薦的，他二話不說就跟著汪永肅離開辦公室，坐上了來接他的吉普車。

說起錢學森，那可是享譽世界的中國科學家，正因為他從美國回來，大力發展中國國防科技，才讓中國的原子彈和導彈至少提前二十年出現。

說起來，孫家棟和這位科學巨匠結緣，還是在他從蘇聯留學回來後。那時，他多次以俄語翻譯的身分，跟著中國代表團去蘇聯談判，而錢學森就是代表團的團長。錢學森很欣賞孫家棟，認為他做事認真，有想法，潛力巨大，是個人才。

後來，孫家棟被調入錢學森領導的中國國防部第五研究院，擔任導彈總體方案設計師，與錢學森接觸更加密切了。

從北京南苑出發，一路向北走了十幾公里，來到北京友誼賓館。下了車，孫家棟才知道，賓館北館現在已成為籌建中的空間技術研究院的臨時辦公地點，裏頭已經有長官在等他了。

長官和孫家棟討論了組建衛星總體部的具體想法，孫家棟總算知道了事情的來龍去脈。

蘇聯於一九五七年成功發射了第一顆人造衛星，人類的航太歷史就此拉開了帷幕。當時，蘇聯和美國正在進行冷戰。所謂冷戰，就是雙方不出動軍隊，但都在想辦法搞垮對方。因此，蘇聯把衛星送上太空後，美國人吃不下睡不著，他們擔心蘇聯人很快就會控制太空。美國有家媒體還把蘇聯衛星上天的日子宣佈為「國恥日」。

一九五八年二月一日，美國向太空發射了一顆八．二二公斤重的「鐵球」——「探險者一號」，這才算是挽回了一點兒面子。

蘇聯、美國都有衛星在太空轉悠，中國怎麼辦？

要知道，中國可是國際公認火箭的故鄉。

早在明朝初年，就有一個叫陶成道的人，製造了世界上第一艘「太空船」——一張大座椅，底下裝了四十七枚火箭（其實就是在紙筒裏填滿火藥）。

陶成道把自己捆坐在椅子上，兩手各拿一個大風箏，正對著天上的月亮，然後讓僕人同時點燃四十七枚火箭。他想先利用火箭產生的推力讓椅子上天，然後鬆開捆綁的繩子，使椅子脫落（就像現代的火箭分級脫落），再利用風箏產生的升力，使自己漸漸升空，像嫦娥那樣一路飛到月亮上。

陶成道失敗了。不過他的壯舉一傳十，十傳百，被史書記載為「萬戶飛天」，因為陶成道曾擔任過「萬戶」的官職。

陶成道被後人認定是全世界最早的「太空人」。

美國航太總署就將月球上的一座隕石坑命名為「萬戶山」，用來紀念陶成道這位人類航太的祖師爺。

中國古人都想方設法要飛天，現代中國人在發射衛星這件事上，自然也不能落後。但中共建政初期，國家一窮二白，並沒有足夠的國力來發射衛星。直到一九六六年初，中國科學院才正式開始「東方紅一號」衛星的總體方案論證和設計。同時，籌建試驗室，開展一百多項空間技術課題的研究。

一九六八年，中國正式成立中國空間技術研究院，由錢學森任院長。錢學森上任後，主持制訂了「三星規劃」。所謂三星，指的是「東方紅一號」衛星、返回式遙感衛星和同步軌道通信衛星。

在錢學森的設想裏，中國要在一九七〇年或一九七一年，發射第一顆人造地球衛星，重量要達到一百公斤。

可要把這個宏偉的目標變成現實，首先需要有人才，去哪兒找人才呢？

錢學森首先想到的就是孫家棟，孫家棟從事導彈研製工作整整九年，參與、領導了中國第一代戰略導彈的研製。這都是研製人造衛星的基礎。

可是，那時候孫家棟才三十七歲。這個年紀要領導專家們研製衛星，就顯得太年輕了。錢學森想來想去，還是決定起用有真才實學的年輕人，只有這樣才能儘快研製出人造衛星。

因此，錢學森做了一回當代「伯樂」，向上級推薦了孫家棟這匹「千里馬」。

這件事對孫家棟來說是機遇，也是挑戰。畢竟，他在研製導彈方面已經做出了傑出的貢獻，受到了讚揚和賞識，繼續在這條路上走下去，事業會蒸蒸日上，而研製衛星的道路他需要重新摸索。況且，讓他從南苑的家裏到中國空間技術研究院上班，路途遙遠不說，以後家裏的事都要交給妻子魏素萍，他將會因為工作，難以對家庭付出更多。

但是，讓中國衛星上天的使命感壓倒了一切，何況還有錢學森的賞識，孫家棟想都沒想，正式接受了這份沉甸甸的託付。當年，他一天內從學校入伍，這次他同樣是一天內，從熟悉的導彈設計，轉入衛星設計，挑起了研製中國第一顆人造衛星的重擔。

可是，衛星是當時國際最高水準的科技，中國沒有這方面的資料，也沒有任何經驗和相應的專家，如何在一窮二白中造出自己的「星星」呢？

像是一顆自轉的衛星

一九六七年，對於剛被任命為衛星總體設計負責人的孫家棟來說，是充滿激情而又倍感迷惘的一年，他每時每刻都感到肩頭沉重無比。

自從美蘇發射了衛星以後，每個中國人都盼望著中國的衛星也能早日上天。這種渴望表現在日常的方方面面，比如，人們把火箭和太空船的形象畫到玩具、文具和宣傳海報上。

那時的中國人信心滿滿，覺得導彈、原子彈、氫彈都會造了，往天上發射一顆衛星還不簡單？

「衛星儘快上天」成為中國迫切的希望。

而當時，國際上的變化也在緊逼著中國儘快送衛星上天——在一九六五年，法國也把一顆衛星送上天，成為第三個發射衛星的國家。一海之隔的日本也在暗中使勁，要和中國爭做第四個航太大國。

但當時的中國沒幾個人能說清：什麼叫衛星，一顆人造衛星怎麼設計更合理；怎麼將衛星製造出來；怎麼做試驗，怎麼發射到太空；衛星發射到太空以後，怎麼平穩運行；運行任務完成以後，怎麼返回地球；衛星在太空那麼遠，怎麼控制；衛星上的設備和信號怎麼管理；衛星蒐集到的訊息和拍攝的照片怎麼使用。

一顆衛星的製造，涉及航太動力學、火箭結構分析、太空飛行器結構分析、航太熱物理學、火箭推進原理、燃燒學、航太材料學等上百個專業。

作為空間技術研究院的衛星總體設計負責人，孫家棟的任務就是要有計畫、有步驟、有組織地領導各領域的專家，把所有力量凝聚在一起，共同研製中國衛星。

這是一個體量龐大而且事務繁瑣的工程。任務重，時間卻很緊。

當時的中國航太事業在錢學森的帶領下，火箭研製、發射技術已經取得一定成就，空間科學技術也有了一定的研究，試驗設備上也解決了一系列難題，但在研製人造衛星方面還是一片空白。這是因為沒有任何經驗可以借鑑。

孫家棟決定組建一支實力堅強的骨幹設計團隊，經過綜合考慮，他向錢學森提出：從其他研究院抽調精幹人員，充實衛星設計團隊。這樣既能解決骨幹技術人員不足的問題，還可以將一些原本就有的衛星研製課題，轉到衛星研製工程的計畫中。

錢學森非常認同這個提議，立刻就批准了，還讓孫家棟著手準備一份抽調人員的名單。

這看起來是件小事，其實可不是鬧著玩的。畢竟，人才選不好，會影響整個衛星研製工作，甚至還會損害國家的利益。

孫家棟不敢掉以輕心，為了選到最合適的人才，也為了不漏選優秀人才，他足足花了兩個多月，跑了幾十個單位，實地考察和挑選理想的人才。最終，共有十八名幹將被孫家棟列入名單中。他們分別是戚發軔、沈振金、韋德森、張福田、彭成榮、尹昌隆、朱福榮、孔祥才、王壯、楊長庚、王大禮、張榮遠、劉澤光、鄭忠琪、林殷定、魯力、王一方、洪玉林。

這些人都具有很高的專業水準和很強的技術特長，錢學森對孫家棟擬定的這份名單很滿意。

這十八位出類拔萃的人才，也不負孫家棟所望，在後來的研究工作中，他們團結奮鬥，一起為中國航太事業竭盡所能。因為貢獻突出，這十八人後來還被稱為「航天十八勇士」。

在組建人才團隊的同時，孫家棟也在拚命惡補衛星的知識。

當時的中國太窮了，衛星方面的知識很匱乏，孫家棟只能想辦法找文獻，學知識。

為了獲得衛星最基礎的知識，他甚至向曾經到蘇聯留學過的年輕技術員王淵借過一本「薄薄的有關無線電的書」。同時，他還設法從國外公開發表的概念性文章中獲取資訊。

早在一九六五年，就召開過中國第一顆人造衛星方案論證會，國家和軍隊最高級別的十三個研究所的一百二十名領導和專業人員參加了這次會議。

在長達四十二天的會議裏，中國衛星創始人之一錢驥，針對衛星的本體設計問題做了總結，並提出三百多項有關人造衛星的研究課題，為中國第一顆人造衛星的誕生打下了基礎。

孫家棟上任後，便一個個去拜訪那些參與衛星研究課題的專家，向他們取經。

錢驥聽說孫家棟要研製衛星，非常高興地把有關衛星的構想和他所掌握的全部情況都告訴了孫家棟。

這次見面，讓孫家棟豁然開朗，很多不明白的環節都被打通了。

在學習理論知識的同時，孫家棟也開始檢驗理論的正確性。他一上任就建設了一個試驗罐——等衛星造好之後，就可以把衛星放進罐中，在裏頭模仿太空環境，測驗衛星在太空的承受力。

……

就這樣，接過衛星研製重擔以來，孫家棟感覺自己像一顆自轉的衛星，每天忙得團團轉，連回家都是奢侈的事。

一九六七年十二月的一天，忙了好幾天沒回家的孫家棟突然接到一個電話。電話那頭是一個女護士，她在電話裏著急地說：「孫主任呀，您幹什麼嘛！夫人給您生了個大胖女兒，您都不回來看看？」

孫家棟突然想起來，妻子的預產期已經過了幾天。

原來，幾天前女兒魏紅在深夜降生，但妻子知道孫家棟忙，沒有讓人通知他。這幾天，妻子都是一個人在照顧孩子。

看到孫家棟幾天沒有出現，院裏的女護士急了，忍不住給他打電話。

孫家棟的一顆心頓時飛了起來，他恨不得飛到醫院裏，但手頭的工作千頭萬緒，根本不允許他離開。他只能壓抑內心的激動和興奮，繼續忙碌個不停。

直到晚上九點多，孫家棟才終於抽出時間，趕去了醫院。但匆匆看了女兒一眼後，他又對妻子說道：「我回去了，那邊的事太急……」

就這樣，幾分鐘後，孫家棟又從醫院趕回研究院。

他一刻都不敢耽擱，因為按照第一顆衛星的發射計畫，留給他的時間已經不多了。

萬里長征第一步

在孫家棟像陀螺一樣忙碌的日子裏，衛星的總體設計工作被提上了日程。

作為衛星技術總負責人，孫家棟首先就面臨一個重大的問題：中國第一顆衛星應該長成啥樣？

早在之前的方案論證會上，就決定將中國第一顆衛星命名為「東方紅一號」，功能是科學探測性質的試驗衛星，發射時間定在一九七〇年。

在原有方案裏，「東方紅一號」衛星的任務，是要為後面發射的觀測、通信、廣播、氣象、預警等各類應用衛星，提前獲取各種基本經驗和設計數據。

如果說將來要發射的眾多應用衛星像一支部隊，那麼在方案論證會上設想的第一顆衛星就是個偵察兵。

但孫家棟主持了一次次的討論會、研討會後，認為之前確定的方案不符合現實，因為探測衛星涉及的內容太多，以當時的實際情況，很難百分之百保證它發射成功。

比如，探測衛星上需要用到的各種儀器只能由不同的單位研製。每個單位的進度不一樣，有部份儀器甚至還沒開始研製。

孫家棟認為，照這個進度，衛星是絕對無法在一九七〇年上天的。

因此，孫家棟簡化了原定的方案，認為對於中國第一顆衛星，首要任務是確保它能發射成功，功能可以儘量簡化。至於科學探測功能，完全可以通過後面發射的衛星慢慢實現。但孫家棟的方案一提出來，就遭到很多人反對。

反對者認為，如果衛星不搭載探測系統，那就是個「鐵疙瘩」，還叫什麼衛星？

雖然蘇聯和美國發射的第一顆衛星其實也就是一大一小兩個「鐵球」，沒有什麼探測功能，但反對者的意見還是很堅決。

孫家棟畢竟還年輕，又沒有研製衛星的經驗，在洶湧的反對聲裏，他承受了巨大的壓力。

從科學的角度說，當時的反對理由都沒錯。衛星如果沒有探測功能，確實跟太空裏的一塊石頭沒兩樣。

但做為總負責人，孫家棟更瞭解當時情況的緊急。

一九六七年，美國的「土星五號」完成首次飛行，為「阿波羅號」載人繞月飛行做準備；蘇聯完成了N－1運載火箭的設計工作，連登月艙都做好了。美蘇都搶著登月，中國如果不能在一九七〇年發射衛星，那就落後人家太多了。

因此，孫家棟堅持自己的意見。他在會議上說：「第一顆衛星最主要的目的就是向全世界宣佈，中國也掌握了航太技術。更多的科學目標，可以讓下一顆衛星實現。這樣，衛星裏面的儀器，可以儘量簡化。」

但反對的聲音仍不絕於耳。

在雙方觀點膠著的時候，錢學森站出來支持孫家棟。

在孫家棟的衛星研製簡化方案出來之前，錢學森是支持原有方案的，但看了孫家棟的方案後，錢學森也意識到，以當時的國力，簡化方案更安全，也更可行。因此，他選擇支持簡化方案。

為了支持孫家棟，每一次討論會錢學森都來參加，為年輕的孫家棟壓陣。

在錢學森的支持下，孫家棟不斷深入論證，反覆研究。最終，孫家棟說服了大家，為了確保能在一九七〇年發射中國第一顆衛星，衛星功能可以大量簡化。

後來，孫家棟跟人說：「航天人開會就是這樣，充份發揮民主，就算有人發言的形式激烈一些，也有充份表達自己意見的權利。但當大部份人達成共識以後，大家就會按一個意見去辦。之前反對這個意見的人也會積極配合，共同朝著一個目標使勁。」

因為航太工程是系統工程，它有個顯著的特點，那就是需要「大力協同」，所以，既要有民主討論，也要有集體精神。方案再好，如果只能實現百分之九十九，大家也必須為了那沒法實現的百分之一，選擇放棄，去做百分之百能完成的事。

孫家棟的簡化方案上報到聶榮臻那裏後，聶榮臻做出了指示：「儘量簡單，儘快上天，達到基本目的，掌握技術。」

孫家棟立刻根據簡化方案，重新制訂「東方紅一號」衛星的研製任務。

最後確定，「東方紅一號」衛星由結構、熱控、電源、短波遙測、追蹤、無線電、音樂裝置、姿態測量部件組成，重一百七十三公斤，直徑一公尺，外形是近似圓球的七十二面體，採用自旋穩定方式在太空運行。

從參數來看，這顆衛星的設計標準已經超過了蘇、美、法第一顆衛星的技術水準，重量比這三個國家的第一顆衛星加起來還重，而且還增加了獨有的音樂系統。

方案定下來了，但因為中國從未發射過衛星，誰也無法確定這個方案是否正確。孫家棟沒辦法，親自找上時任國防科委副主任劉華清上將，懇切地說：「您懂也得管，不懂也得管。你們定了，拍個板，我們就可以往前走。」

劉華清，批准了這個方案。

方案是批准了，但在孫家棟看來，第一顆衛星要實現真正意義上的發射成功，必須做到以下四點。

第一，衛星要「上得去」，只有上了太空才叫衛星，上不了太空只能叫「鐵疙瘩」。

第二，衛星上去後要「抓得住」，也就是說，衛星進入軌道後，地面追蹤系統要能時刻掌握衛星的動向，獲得相關數據。跟不上的衛星就變成了太空垃圾。

第三，衛星跟得上了，還要能「聽得到」，也就是要把地面系統獲得的信號轉變成語音，讓地面上的人都能聽到衛星的聲音。

最後，衛星除了「聽得到」，還要「看得見」。

這四點中，第三點、第四點可難倒孫家棟了。

作為中國第一顆衛星，「東方紅一號」當然要讓中國人民聽到最好聽的聲音，可什麼聲音最好聽呢？

孫家棟想了很久，決定用當時中國人民最熟悉的〈東方紅〉。想到世界的每個角落都能收到「東方紅一號」衛星上傳回的〈東方紅〉樂曲，孫家棟就心潮澎湃。

「聽得到」解決了，「看得見」成為最難的一道題。

衛星可是要在幾百公里以上高空運行，體積又小，肉眼根本看不到，可孫家棟卻執著地認為，中國的第一顆衛星就要讓中國人民用肉眼能觀察到！

孫家棟向專家們廣泛徵求辦法。

專家們的辦法各種各樣。有的提出，可以借鑑蘇聯之前的經驗，把末級火箭拋光，衛星發射後，讓末級火箭跟著在太空飛行，地面的人看到末級火箭的光芒，就會以為那是「東方紅一號」衛星。但「東方紅一號」衛星用到的第三級火箭實際上很小，拋光了也看不見。

有專家認為可以在衛星的外殼上鍍一層金屬，讓它閃閃發光。但衛星的直徑只有一公尺，放到幾百公里外，怎麼發光也看不到。

還有專家建議把衛星做大，但哪裏去找那麼大的火箭送它上天呢？

這時，有人突發奇想，提議在第三級火箭上設置一個「觀測裙」，到太空後跟衛星天線一起打開。根據計算，觀測裙可以用韌性好的材料，當它在太空展開時，可以讓衛星變成一個面積達四十多平方公尺的亮球，有一間教室那麼大，足以讓人在地面用肉眼看到。

孫家棟覺得這是個好主意，就找相關專家確認這樣行不行。經過專家測算，正常衛星在空間運行時亮度相當於五—八星等，末級火箭的亮度相當於四—七星等。如果加上觀測裙，可使末級火箭亮度提高到相當於二—三星等的亮度。

所謂「星等」，是天文學上用來表示星星明暗程度的一種單位。星等數愈小，說明星星愈亮。星等每差一等，星的亮度就差二．五倍。

所以，觀測裙可以讓衛星的亮度增加很多倍。這個結論讓孫家棟開心極了，他立即把「上得去，抓得住，聽得到，看得見」落實報告遞交上去。

中共中央隨後批准了，這十二個字也就變成指導衛星發射的總體大綱。

這樣，中國第一顆人造衛星的方案、工程概念和發射大綱都有了。最後審定：衛星用「長征一號」運載火箭送入軌道，衛星與運載火箭分離入軌後，末級火箭跟著衛星在空間運行。

萬里長征終於踏出第一步，但如何把紙上方案變成現實，成為擺在孫家棟面前更大的考驗。

大力協同是門大學問

一顆衛星要想成功發射，必須做好運載火箭、衛星本體、發射場、測控系統、應用系統五大系統。

其中，單是衛星本體，就包含結構、溫控、能源、追蹤、遙測、天線、科學探測、遙控、姿態測量及控制等九大子系統。

每個系統用到的部件、元器件多到難以計算，所涉及的工序、工作量極其驚人。要確保衛星萬無一失地發射，要求每個系統都必須做到毫釐不差。

中國的第一顆衛星代表著當時中國最高端的科技。這要求孫家棟得有強大的掌控力，能總體協調，促進各個系統大力協同，統一步調向前走。

孫家棟是這樣形容總體協調和統一步調的：「千百個人從不同的地方趕向候車點，八點鐘開車，大家七點三十分就要集合好，因為在通往終點的路上，還要把交通堵塞、汽車加油的時間考慮進去。只有每個人都遵守時間規定，接受集體的約束，提前來候車，才能及時、順利地到達目的地。」

發射衛星也是這個道理。確定一九七〇年初發射，一九六九年底就要完成每一個系統研製，這樣，才能給協調組裝留下足夠的時間。

雖然孫家棟把衛星研製方案簡化了，但並不代表方案裏的構想都能實現。因為，如果衛星研製的眾多系統中，有一個未能按時完成工作，就會嚴重影響衛星的發射時間。

為了讓各個系統大力協同，實現整體最優，孫家棟發揮了總體協調的作用，他為各個系統的各個部件制訂了明確的技術指標，並給各系統之間制訂了包括重量、尺寸、功耗等在內的協調指標。只要各系統的各部件技術指標和協調指標都一致了，就不用擔心會出現系統之間部件大小、型號不相容的情況。

但因為沒有成功經驗可以借鑑，有些指標制訂得並不合理。這讓一些系統的負責人只接受技術指標，不接受協調指標。他們認為重量、尺寸都不屬於技術問題。

「我的儀器都還沒研製出來，怎麼會知道符合不符合你的指標？按照你的協調指標做，我怎麼保證我的技術指標？」

「你不要講什麼協調指標，你不瞭解我搞的東西有多難，你還要求多大多小，到底是你懂還是我懂？」

「我現在都還不知道搞出來的是什麼樣子，就要受你的限制？你的尺寸、重量、功耗要保證我的需要！」

……

各種尖銳的反駁聲，每天都在孫家棟耳邊響起。

換作別人，早就被嗆得發火了，但孫家棟知道，大力協同是航太事業成敗的關鍵，因此他以難能可貴的耐心和智慧，不斷去協調各系統間的工作。

比如，各系統為了給自己留有迴旋空間，都會儘量多地申請功耗規格。其中，詢答機組爭取到了十瓦的電耗規格，但等機器研製出來後，實際用電量只有八瓦。這時候，整體溫控中的散熱系統已經形成，如果少兩瓦電能，溫度就會變低。隨著時間推移，溫度還會愈來愈低，最終影響衛星整體。

這樣一來，溫控系統就不幹了，要求詢答機組增加功耗，但詢答機組卻說機器已經做好，不能再改。

於是，問題就擺到孫家棟桌子上。

孫家棟很為難，因為工程進展擺在那兒，這兩個系統都沒時間再做修改了。

不過，孫家棟很快就用自己的智慧，找到了協調的辦法，那就是給詢答機加上兩瓦的電阻。這樣，問題簡單地解決了，兩個系統間的爭論也結束了。

在協調各個系統過程中，孫家棟遇到的最大難題是衛星本體與運載火箭的協調。

在衛星簡化方案制訂出來後，孫家棟就把衛星本體的九大系統的重量規格都使勁壓縮，但最終還是超出當時火箭的載重負荷。

孫家棟跑去找火箭研究系統的老同事商量對策，讓他們幫忙增加火箭推力，深入挖掘火箭的運載潛力。

最終，花費了巨大的精力，孫家棟總算讓火箭的運力大到足夠把衛星送上天。除了協調各系統間的指標問題，孫家棟還要幫各個系統解決自身工作中的實際難題。

當時，衛星某一批部件由北京某工廠生產，但那家工廠停產了。眼看工期一天天拖下去，將要嚴重影響衛星發射的時間，孫家棟坐不住了，他找到工廠裏的生產科科長想辦法。科長帶著孫家棟的囑託，跑到每個技術工人家中，宣傳發射人造衛星的重要意義，並請技術工人幫忙做事。

工人們聽到是為人造衛星工作，很興奮，都踴躍幫忙。

就這樣，孫家棟硬是讓這批不可能完成的衛星部件，保質保量地按期完成了。

「東方紅一號」衛星製造出來後，在模擬試驗階段，每次衛星高速旋轉時，都會把上面收縮的四根拉桿天線展開。每次展開過程中，最後一節天線總是折斷被甩出去。前後做了十幾次試驗，天線都沒有成功展開。

孫家棟不得不與天線組反覆試驗，不斷思考。他認為，天線釋放和展開的運動方式很複雜，在地面做試驗，要考慮重力的影響，而太空是失重環境，情況不一樣。

在他的啟發下，天線組進一步試驗，發現天線設計不合理，與衛星自旋的實際運動不一致。孫家棟立即讓他們修改天線結構，再做試驗，這次終於成功了。

各系統類似的問題不斷，孫家棟必須參與其中去協調，設法解決問題。

第三級火箭上的「觀測裙」做出來後重量一直超過允許值，需要孫家棟去協調解決；〈東方紅〉音樂裝置不是出現樂音錯亂，就是變調，需要孫家棟去協調解決；儀器艙罩的鍍金總是不勻、金屬內出現氣泡、焊縫處出現氣泡等問題，需要孫家棟去協調解決；衛星的溫度貯存試驗、地面調溫試驗、電子儀器的輻射試驗、衛星地面測控系統聯合試驗、發射場合練試驗等，都需要孫家棟去協調解決。

在這場大型「戰役」中，總負責人孫家棟要時刻面對不斷冒出的問題，整天都要參與各種研討會、評審會、總結會。

忙碌個不停的他，像一條線，把每顆珍珠穿起來，形成最璀璨的科技項鍊。

在孫家棟的帶領下，中國航太專家大力協同，奇蹟般地製造出「東方紅一號」衛星，在規定的時間把它送上發射架。

發射衛星是一場大考驗，從沒有這方面經驗的孫家棟，能帶領中國航太專家成功創造新的奇蹟嗎？

讓世界聽到〈東方紅〉

中國第一顆衛星共有五顆原型衛星。其中第一顆做為驗證衛星，用來進行各種環境模擬試驗。

一九六九年九月，模擬試驗圓滿結束，衛星上各分系統試驗結果都比較理想，少數問題也都妥善解決了。

在進行模擬試驗的同時，孫家棟也在著手推動酒泉衛星發射中心進行運載火箭的測試。

但測試過程並不順利。第一次測試時，火箭在垂直測試階段，陀螺儀突然「失靈」。排查故障足足花費了二十多天。而一九六九年十一月進行第二次發射試驗，又以失敗告終。

連續的失敗給很多人心頭蒙上一層陰雲。孫家棟內心也很焦急，但他知道，這個時候焦急是沒有用的，只有在哪裏跌倒了從哪裏爬起來，才能最終奔向成功。他不斷鼓勵發射場的同志，繼續推進火箭試驗。

兩個半月後，第三次火箭發射試驗終於成功了，兩級火箭在高空成功分離，還精確地擊中了目標。

一九七〇年二月，酒泉衛星發射基地收到了準備發射「東方紅一號」衛星的命令。

孫家棟滿懷激情，幾年的艱辛付出終於等來了收穫的季節。他日夜不停地奔走在各大系統之間，督促大家做好發射前的準備。

一九七〇年四月一日，裝載著「東方紅一號」衛星和「長征一號」火箭的專用列車，緩緩駛入酒泉衛星發射基地。

衛星發射，正式進入日程。

但這時候，孫家棟卻被調到北京的總指揮部，因為這裏需要一位熟知衛星技術狀況的人，好及時向上級解釋前方發來的情報。

在指揮部，孫家棟成為一部衛星技術問題的「活字典」。他頻繁地接到前方打來的電話，雖然沒有在發射現場，但孫家棟對前線情況瞭如指掌。

但不在現場有個壞處，就是無法即時瞭解情況。這對孫家棟來說有時候是一種煎熬，因為無法在一線就無法親自去解決問題。得知問題後，他在後方能做的事情有限，這讓他很焦急。

四月十九日，前方突然傳來消息，說衛星在綜合測試中，超短波信標機的主載波功率突然下降，諧波功率增大。

孫家棟不由得緊張起來，這個故障如果查不出原因，將會影響地面的追蹤。發射的日子已經臨近，出現這樣的問題可不妙。

當前線不分晝夜地排查問題時，孫家棟在北京也是坐立不安，茶飯不思，每隔一段時間，就向前線發去電報詢問情況。

好在故障原因還是排查出來，孫家棟第一時間接到消息，長長地鬆了口氣。

經過這次故障後，火箭和衛星各方面指標都很正常，發射時間確定為一九七〇年四月二十四日晚二十一時。

孫家棟感到自己的身體也像火箭一樣加滿了燃料，他高興得想飛起來，但心裏又隱隱有些不安，擔心會有新問題出現。

怕什麼就來什麼！

四月二十四日上午，前方技術人員突然發現，地面的一台追蹤雷達出現了不穩定狀況，斷續波測量不能同步。

孫家棟的心又一次提到嗓子眼兒。還好，這次沒緊張多久，他便收到報平安的電話——故障被快速排除了。

但孫家棟的內心仍是忐忑不安的。衛星達到「上得去，抓得住，聽得到，看得見」狀態之前，任何細節上的失誤，都可能導致無法預料的大災難，他實在不敢掉以輕心。

到了二十四日晚上十九時，孫家棟又一次打電話到前線，得到的消息是一切正常。

孫家棟鬆了口氣，這對他來說，就是最好的消息了。但心還沒放下來，晚上二十時多前方便傳來一個糟糕的消息：衛星上的詢答機竟然對地面的信號沒有反應。

孫家棟的心猛然揪緊了，這可是一個重大的故障！如果不儘快排除，會影響衛星上天後追蹤測量的精度和運行軌道預報的準確性。

在這樣的情況下，衛星發射不得不延後半小時。

在前線緊張排查故障的時候，身在北京的孫家棟像被放到火上烤一樣。他腦筋一刻不停地在思索著，到底哪裏出了問題？如果是地面系統出問題，那還比較好辦，要是問題出在衛星上，那就得拆開衛星來檢查，這就意味著很可能無法準時發射。

根據前方消息，發射區的雲層正在變得濃密。好消息是，氣象部門預報，到了晚上二十一時左右，發射場上空的雲層應該會裂開一個「窗口」，那將有利於發射。

但如果故障沒有及時排除，衛星發射就會錯過這個「窗口」。

至於下一次什麼時候發射，那就不得而知了。

時間一分一秒地流逝，離二十一時愈來愈近，前線還是沒有好消息傳來，孫家棟的心也愈來愈沉了。

這個時候，每一秒都過得很艱難，他感到有什麼重物壓在他的胸口，讓他喘不過氣來。而他的耳朵始終機警地豎立著，盼望著前線能有好消息傳來。

直到二十時三十分左右，電話才響起。孫家棟急忙接了起來，聽完不由得長長地舒了一口氣。

前方終於把故障排除，原來是地面設備上的一個小接頭鬆動了。

指揮部立即向各點號、各台站下達了「三十分鐘準備」的命令。

孫家棟的心又一次高高懸起，再過三十分鐘就是真正的大考，這是他的大考，也是中國航太的大考。考試的結果，直接關係到中國第一顆衛星能否順利升空，關係到中國能否躋身航太大國行列，關係到中國在國際社會的聲譽。

時間愈是臨近，孫家棟的心提得愈高，讓他有種要窒息的感覺。

他只希望，一切都順利，不要再出一點兒差錯。

但這個時候，電話再次響起來。在這緊要關頭，湖南新化衛星觀測站的一台單脈衝雷達的真空管竟然損壞，請求給予四十分鐘來調整。

發射時間不得不延遲到晚上二十一時三十五分。

到這個時候，孫家棟內心反而平靜了一些，他繼續守在電話前，時刻追蹤著前方情況。

十分、十五分、二十分……

發射時間不斷逼近。孫家棟終於等到一個好消息：發射場上空的雲層，真像氣象預報的那樣，開始裂開一個「窗口」，而且「窗口」愈開愈大。

這真是一個好兆頭！

晚上二十一時三十五分終於來臨了！

隨著一聲「點火」的口令發出，大地震動，發射場上蓄勢已久的火箭，噴著橘紅色的火焰，掙脫巨大的發射架，冉冉向上升起，幾十公尺長的火焰絢麗無比。

火箭愈飛愈快，穿過雲層間的「窗口」，奔向星光閃爍的夜幕。

發射場上頓時一片沸騰，而指揮部在收到各方測控台傳來的「飛行正常」報告後，壓抑已久的人們，終於也歡呼起來了。

孫家棟激動無比，但他的心還不敢放下來。火箭升空是衛星發射成功的前提，但並不代表著衛星就發射成功了。

判斷是否真的成功，還得看各個觀測站傳來的數據。

二十一時四十八分，現場指揮所的廣播激動地報導：「星箭分離，衛星入軌。」

二十一時五十分，中國國家廣播事業局報告：「收到了衛星播送的〈東方紅〉樂曲，樂音清晰洪亮。」

二十二時整，中國國防科委指揮所確定：運載火箭一、二、三級工作正常，衛星與火箭分離正常，衛星已進入軌道！

……

潮水般的消息傳入耳中，孫家棟的眼窩不由得潮溼了。他帶領中國航天人，篳路藍縷，苦心研製的第一顆衛星，終於發射成功了！

讓世界的每個角落，都能收到「東方紅一號」衛星傳回的〈東方紅〉樂曲，終於不再是個夢想！

但孫家棟現在還沒時間慶祝，因為衛星發射成功後，中國要對外發佈公報。公報裏涉及的許多專業術語需要孫家棟負責把關。

這個天大的喜訊，中國直到二十五日晚上才對外宣佈。原因是為了確保對外公佈的衛星軌道參數準確無誤，孫家棟帶人又做了一番細緻的驗證和核對。

消息迅速傳遍大江南北，中國上下頓時沸騰了，國際社會也紛紛發來賀電。這標誌著中國成為世界上第五個擁有衛星發射能力的國家。

但對孫家棟來說，這只是他研製衛星履歷上的一個逗號，他的衛星事業其實才剛剛開始。

等待他的困難，也將愈來愈多。

失蹤的「實踐一號」

「東方紅一號」衛星發射成功後不到一年，中國便又發射了第二顆衛星。這是一顆科學探測衛星，它的總技術負責人依舊是孫家棟。

我們前面說過，按原定方案，「東方紅一號」是一顆具有空間探測功能的應用衛星。但孫家棟上任後，認為發射它的難度很大，所以制訂了衛星簡化方案。

這還沒過一年，孫家棟怎麼就能把複雜的科學探測衛星給送上天呢？

這事還得從一九六八年說起。

早在「東方紅一號」衛星研製期間，孫家棟就提出一個大膽的構想——第一顆人造衛星發射成功後，多餘的「原型衛星」能否改裝成第二顆衛星？

畢竟，第一顆衛星設計的儀器和部件，有一部份是可以通用的。像「球形七十二面體」，可以按原來的設計貼上太陽能電池片。電池片吸收了太陽能，就能長期供電了。

還有一些經過檢驗的儀器、部件，也可以原封不動地保留，這可以省去重複試驗的成本和時間。

孫家棟把這一想法通俗地稱為「坐公共汽車」，它能使「東方紅一號」的原型衛星發揮更大價值。

「東方紅一號」衛星發射成功後，剩下的四顆原型衛星，一顆給了航天博物館，一顆給上海做科技展覽之用，一顆留給了總裝廠做為成功的尖端科技圖騰，最後一顆，就被孫家棟用來做為研製第二顆衛星的「公共汽車」。

孫家棟把第二顆衛星定位為科學探測衛星。

科學探測衛星能在太空中進行各種空間科學探測，讓人類更好地認識自然界，瞭解宇宙空間的各種自然現象，還能給人造衛星和其他太空飛行器的研製帶來很大幫助，對中國來說意義深遠。

但要進行科學探測，首先衛星使用壽命要比較長。只有壽命長的衛星，才能持續開展科學探測，得到的結果也會比較客觀。

衛星壽命要長，關鍵是擁有長壽命的供電系統。因此，孫家棟把長壽命電源供應系統試驗作為第二顆衛星研製的主要任務。

一九七〇年五月，在空間技術研究院現場會議上，孫家棟按照「綜合利用、一次試驗、全面收效」的思路，提出了第二顆衛星的總體方案，並把該顆衛星命名為「實踐一號」。

同年八月，中共中央批准了研製「實踐一號」衛星的報告。

中國第二顆衛星將要轉入空間物理探測的消息一傳出去，國外的航太同行都覺得不可思議。雖然「東方紅一號」衛星發射成功了，但「實踐一號」衛星可是要在天上實實在在進行科學探測，那難度可不知道要增加多少！

很多人覺得這步伐邁得太大了。

在外界議論紛紛的時候，孫家棟已經帶領團隊以「東方紅一號」的原型衛星為基礎，開始制訂「實踐一號」的總體研製方案。

原型衛星被改裝成一顆結構衛星，結構主受力部件也做了相應的改進，整體結構性能得到很大的改善。

衛星基本成形後，卻在試驗中發現艙內溫度偏低。這時長期溫控系統已經全部完成，要做出整體修改太難了。孫家棟靈機一動，何不在衛星上加兩個「金耳朵」？黃金具有吸收熱量多、揮發熱量少的特性。這兩個「金耳朵」能在球體外吸收太陽熱量，再輸入到儀器艙內，提升艙內溫度。這種用自然屬性解決難題的做法，在全世界屬於首例。

各種探測和應用設備的試驗都成功後，「實踐一號」衛星進入原型的研製過程。

在這個過程中，困難開始一個又一個找上門來。

千頭萬緒等著孫家棟去梳理，重重關卡等著孫家棟去突破。

雖然有研製第一顆衛星積累的大量經驗，孫家棟還是不知道費了多少心血，才把問題一一解決。

還好，「實踐一號」衛星，也在這個過程中逐漸成形了。

這顆衛星重達兩百二十一公斤，主體直徑約一公尺，由結構、天線、追蹤、電源、遙測、熱控等六個系統和空間科學探測儀器組成。

這可是非常了不起的進步，畢竟蘇聯的第一顆衛星才八十三．六公斤，「實踐一號」衛星的重量差不多是它的三倍；美國的第一顆衛星才八．二二公斤，不到「實踐一號」衛星重量的十分之一。

隨後，孫家棟開始準備「實踐一號」衛星的發射測試。

但這時候，他卻差一點丟了性命。

一九七一年一月二十四日，孫家棟與八名中國航太科學家一起去檢查發射前的準備工作。因為天冷，結冰的路面非常溼滑，載著十個人的大吉普車一頭栽進深深的河溝裏。

幸好當時河溝裏的冰層很厚，這一車專家才倖免於難。

大難不死的孫家棟似乎更明白生命存在的意義了。他更加賣力地工作，把發射場當作人生的戰場，每天總是穿著一件軍用大衣，在衛星城穿梭。

白天，他穿著這件大衣做試驗；晚上，他把這件大衣當作被子。這件曾經面料光鮮的漂亮大衣，在長久的磨損後變得十分老舊，棉絮裏還積滿了大戈壁的沙塵。孫家棟感覺它愈穿愈重，就像他肩頭的擔子，也是愈挑愈重。

度過了不知多少個忙碌而無眠的夜晚，凝結著孫家棟心血的「實踐一號」衛星，終於在一九七一年三月三日的深夜，隨著呼嘯的火箭，直沖向佈滿星光的夜空。

站在隆隆震動的大地上，仰望火箭的尾跡，孫家棟既疲憊又欣慰。

衛星發射很成功，但隨後的情況卻給孫家棟當頭一棒——中國各地的遙測站竟然都沒接收到「實踐一號」衛星發出的遙測信號。

「實踐一號」衛星像月球那樣繞著地球轉，第二天上午，它再次進入中國上空，但依舊沒有任何信號傳回。

此後幾天，情況愈來愈讓孫家棟揪心，「實踐一號」衛星好像在太空睡著了，無論地面怎麼呼叫，它都沒有反應。

「實踐一號」跟「東方紅一號」衛星不同，它是科學探測衛星，只是成功進入預定的空間軌道還不夠，它必須能跟地面系統建立聯繫，把探測到的情報傳回來，才算是成功完成任務。否則，它就等於是一個繞著地球轉的大鐵疙瘩。

西方國家很快偵測到這顆啞巴衛星，各種猜測和嘲諷接踵而來。他們幸災樂禍地說：「瞧，中國就是不自量力，才第二顆衛星，就想發射科學探測衛星，不失敗才怪。」

類似的新聞報導讓本來心裏就著急的孫家棟壓力更大了，他幾天幾夜吃不好、睡不著，日夜守在設備前監聽，努力搜索著來自太空的各種信號，只希望能聽到「實踐一號」衛星傳來的一點點動靜。

但「實踐一號」衛星依舊沉默，幾天來它不斷經過中國上空，始終沒有向地面系統發來任何信號。

失望和沮喪爬上孫家棟的心頭。那幾天對他來說是人生至暗時刻。

就在孫家棟快絕望的時候，三月十一日，嘈雜的信號群中，突然有個熟悉的聲音傳入孫家棟耳朵裏。

孫家棟有點不敢相信自己的耳朵。

是遙測信號！

孫家棟撲到接收機前，豎起耳朵，不敢漏過任何聲音。

遙測信號愈來愈強，愈來愈清晰，它就像世界上最美妙的樂章，撥動著孫家棟的心弦。

沉默了整整一周的「實踐一號」衛星終於發出信號了。孫家棟激動得想大叫，身後突然傳來陣陣歡呼聲，原來其他監聽人員也收到了「實踐一號」的信號，所有人都高興壞了，有的同事更是抱在一起，熱淚盈眶。

「實踐一號」衛星這個走丟的孩子，奇蹟般地回到中國航天人的懷抱。

不久，中國各地的監聽單位都傳來收到「實踐一號」衛星清晰信號的報告。

三月二十日，天文台觀測到「實踐一號」衛星和末級運載火箭分離的畫面。

孫家棟帶領大家根據眾多情報和數據認真分析了一番，認為「實踐一號」衛星沉默一周的原因，是衛星上天後沒有跟末級火箭分離，導致連接衛星與火箭的一個套管套住了衛星的四根天線。天線無法張開，自然也就無法發出遙測信號。

後來，末級火箭在飛行振盪中，套管一點點滑脫，天線終於成功張開，「實踐一號」衛星也就不再沉默了。

經歷這次劫難的「實踐一號」衛星後來表現特別好。

按照孫家棟的設計，這顆安裝有長壽命電源供應系統的衛星能在軌道上工作一年。但「實踐一號」衛星竟在軌道上連續八年發回訊息。因此，它的長期電源系統、長期溫控系統、長期遙測系統在一九七八年獲得了中國「全國科學大會」成果獎。

這顆曾經的「啞星」，也為中國設計和製造壽期長的衛星提供了寶貴經驗。

生死線上的試驗

「實踐一號」衛星發回遙測信號，並沒有讓孫家棟喜悅多久，因為美國在一九六九年七月二十一日登上月球後，又在一九七一年七月二十六日發射了「阿波羅十五號」飛船，載著三名太空人實現了人類第四次成功登月。

跟西方國家相比，中國航太事業還是落後許多，孫家棟有一種迫切的使命感，那就是要儘快研製中國的「返回式遙感衛星」。

「遙感衛星」是在衛星上安裝照相機，對著地球和星空拍攝，完成拍攝任務後，再把裝膠片的暗盒收進返回艙內，把拍攝的膠片帶回來，所以又叫作「返回式衛星」。

這種衛星能有效的測量國土，如果發射成功，意味著中國也掌握了衛星回收技術，意義深遠。

一九六八年中國空間技術研究院成立後，中國第一顆返回式衛星的總體設計工作也跟著被移交。當時正領導研製「東方紅一號」衛星的孫家棟又成為這顆衛星的技術總負責人。

返回式遙感衛星比前面兩顆衛星複雜得多，它總共有十一個分系統，重量達到一千八百公斤，是個「武裝到牙齒」的大傢伙。而運載它的火箭，使用的是當時中國研製的第一代固體燃料發動機。

這顆返回式遙感衛星被命名為「尖兵」，它的任務是像偵察兵一樣，到太空捕獲更多的訊息，再安全返回。

而讓衛星回來的辦法也很簡單，就是在衛星上安裝助推小火箭，讓衛星返回時可以逐漸減速。

在衛星的綜合試驗中，孫家棟負責的是整顆衛星振動試驗。

這可是一項極其危險的任務，因為試驗中，衛星是要和固體燃料發動機綁在一起的。固體燃料有個特點，那就是能量巨大，非常怕靜電，一丁點靜電火花都會引起爆炸。

可是試驗過程中，每一處、每一點都可能存在靜電，這就等於拿性命去做試驗。

工程人員拿不定主意，就請孫家棟做決定。

事關衛星的安全，試驗再危險也得做。孫家棟想也不想就拍板決定試驗，並決定親自參加。

這個決定遭到不少人反對，畢竟孫家棟可是衛星技術負責人，肩負整個項目的重擔，他的安危比一般工作人員更重要。

但孫家棟謝絕了所有好意的勸告。他認為，正因為自己是技術負責人，所以更要身先士卒，奔赴危險的前線，否則憑什麼讓別人去冒險？

試驗場白天人很多，設備複雜。為了避免發生意外造成巨大的損失，孫家棟只能選擇在夜間進行試驗。這樣萬一爆炸了，損失也可以降到最低。

每天晚上，當場區安靜下來時，孫家棟的危險試驗恰恰才剛開始。

試驗場裏擺的每一台固體燃料發動機，此時對他們來說，都是不定時炸彈。只要哪裏產生小小的靜電，就能把它們點燃，將一切夷為平地。

孫家棟是個見慣大風打浪的人，但走在這些危險的傢伙中間，內心還是會發毛。

不過，為了保證衛星能成功發射，每天晚上，孫家棟按時帶著試驗人員，在生死邊緣完成了一個又一個試驗。

每次試驗完畢，很多人的後背都溼漉漉的，暗暗慶幸又一次從鬼門關活著回來。

幸好，因為孫家棟的小心謹慎，試驗有驚無險地完成了。

但危險並沒有解除，因為返回式遙感衛星在回收時，有可能會不小心掉入別國或者敵區。這種情況下必須把衛星銷毀，以免機密落入他人手裏。因此，「尖兵」返回式遙感衛星上面安裝了特殊的爆炸裝置和爆炸螺栓，還有各種消旋、助推、衛星姿態調整小火箭等容易被引爆的「炸彈」二十多枚。

這些爆炸裝置跟普通儀器不同，普通儀器壞了，換一件新的就行，但爆炸裝置發生意外，就會造成重大傷亡事故。

所以，對這些爆炸裝置的測試，同樣也時刻存在著危險。不管危險有多大，孫家棟都堅持要做這些測試。對他來說，返回式遙感衛星是國家重器，將來會有巨大的貢獻。他把確保衛星的安全置於自身安全之上。

孫家棟不顧安危的做法感動了不少人，特別是測試場的發射部隊，他們給了孫家棟極大的支持。

有一次，孫家棟提前走出廠房，發現測試車間周圍停放著二十多輛消防車和救護車，不少消防兵和外科醫生、護士拿著器械和工具正在待命。

孫家棟很好奇，走過去詢問了一番，才知道，原來測試場基地的李福澤司令為了安全起見，每天都會派二十多輛車子來這裏守著，以防萬一。

但李司令不想影響孫家棟等人測試，所以總是讓車隊晚幾分鐘到位，又在下班之前撤離，避免讓孫家棟他們知道。

正是有發射部隊做堅實的後盾，在背後默默支持，孫家棟才能不斷地投入危險測試中。

測試雖然很危險，但具有很大的價值，因為查出了信號不正常、系統協調不順利、儀器不做功等諸多問題。

這些問題，每一個看著都不小，每一個都需要孫家棟帶人絞盡腦汁去解決。

這樣持續不斷的緊張工作著，加上巨大的精神壓力，孫家棟每天的神經都繃得很緊，他的身體開始吃不消了。

在一次現場會議上，孫家棟突然昏迷過去。

救護車呼嘯而來，將他送到基地醫院搶救。經過檢查後發現原來是他的心臟供血不足，導致大腦缺氧。這是長期勞累睡眠不足導致的。

孫家棟不得不在醫院住了兩天兩夜，但這段時間裏，電話不斷打進來，請示問題的人一個又一個，根本不給他休息的時間。

因為他離開工作崗位，基地累積了一堆事等他去解決，而且事情還在飛快增加。

孫家棟躺不住了，他覺得自己必須回到工作崗位，否則會影響衛星發射的進度。

醫生覺得孫家棟的狀況還是要多休息，並不適合出院，但不管醫生怎麼苦口婆心地勸說，孫家棟都堅持要出院，他說時間不容他生病。

李福澤司令知道情況後，就讓醫院安排一個醫生，提著氧氣瓶跟孫家棟一起出院。於是，奇怪的一幕出現了，孫家棟每到一個地方，身後都會跟著一個醫生，幫他帶著氧氣瓶。

在孫家棟捨生忘死地帶領下，返回式遙感衛星的所有測試工作終於完成了，被運回發射基地，進入臨射階段。

一九七四年十一月五日，「尖兵」返回式遙感衛星與「長征二號」火箭完成對接，矗立在發射架上。氣象部門確定的發射「窗口」是上午十一時到下午十五時三十分。

孫家棟坐在指揮大廳裏，等待各個系統滙報。情況還不錯，報告口令都是「正常」。

孫家棟感到虛弱的身體又恢復了力氣。對他來說，「正常」兩個字比什麼靈丹妙藥都能緩解他的身心疲乏。

但在各系統的連接器紛紛從火箭上脫落，發射程序進入倒計時一分鐘的時候，一個故障卻突然出現了——衛星的內部供電系統出現了故障。

這個時候，如果讓火箭繼續點火，這顆無法正常供電的衛星就算到了太空，也是個沒用的大鐵塊。

這對孫家棟來說，簡直是晴天霹靂。在這種情況下，正常做法是按程序逐級上報，最後等指揮員發佈「停止發射」命令。

但時間就剩一分鐘，等不及上頭下令停止發射了。孫家棟想也不想，就站了起來，大喊：「停止發射！」

按照發射程序，孫家棟是無權下這個命令的。他下這個命令，需要承擔很大的責任和風險。

可孫家棟還是把自己置之度外，選擇違反規定來保證衛星安全。發射場負責人尊重孫家棟，中止了發射。

而孫家棟卻因為神經過度緊張，眼前一黑，又暈了過去。不知昏迷了幾分鐘，孫家棟才慢慢醒來，發現身邊擠滿了人，都在焦急地望著他。

孫家棟支撐起虛弱的身體，讓大家立即找人查記錄，排查故障原因。很快，故障原因找到了，原來是一個外供電插頭脫落，導致衛星內的轉內電信號被壓制住了。

解決故障的辦法是在電路中加上一個電容，而且必須在下午十五時三十分這個發射「窗口」結束前，把故障給解決。這是因為這個時候火箭早已經加注了推進劑，拖得太久，就必須將推進劑排出，那會帶來無法彌補的損失。

指揮大廳除了一線人員，所有的人都疏散了。現場指揮看著手錶，著急地問孫家棟：「還有三個多小時，能提前搶修好嗎？」

「請給二十分鐘的時間，我們再研究一下。」

孫家棟立即召集衛星總裝廠、總體部、遙感圖片處理等各方人員，共同商議解決方案。

經過商議後，孫家棟決定撬開返回艙頭部的壁板，進入衛星，找到裏面出故障的部件。

但新的問題跟著來了。返回艙頭部的壁板撬開後，該怎樣復原呢？要知道，返回艙用的可是特殊黏合劑，那是在北京經過千百次試驗才研製成功的。即使北京還有這種黏合劑，也來不及運過來！

在這危急時刻，現場竟然走出一位南苑七〇三所的技術員，他的專業就是研製特殊黏合劑，而且他被調派過來的時候，居然還帶來了一整桶特殊黏合劑，以應不時之需。

特殊黏合劑有了，但從撬開到重新黏合，時間還來得及嗎？

天空在咆哮，大地在悲泣

從撬開衛星壁板到重新黏合，到底要多久？

衛星總裝廠的技工們估計了一下，說大概要兩個小時左右。

孫家棟心中有數了，又問道：「打開防護蓋後，敢不敢插上電源插頭？」

技工們果斷地回答：「敢！門一打開，我們馬上插！」

為了保證萬無一失，孫家棟命令專家審查電路圖，搞清楚插上插頭會不會有危險。同時，組織衛星總裝廠的技工爬上發射塔架，在加注推進劑的火箭上，用工具先撬開衛星的「穩定裙」。

這是件危險萬分的事，因為一旦產生靜電，就會引發可怕的爆炸。

所以，孫家棟只同意上去兩名技工。

在蘇聯火箭發射場上，曾經有一百多名將軍和優秀科學家，因為爆炸而全部遇難。

孫家棟不敢疏忽，他要避免這種悲劇的發生。

但孫家棟也明白，只有不怕犧牲才能取得勝利。他唯一能做到的，是將犧牲的可能性降到最低。

酒泉晴空萬里，白雲朵朵。兩位技工在眾人提心吊膽的注視下，像攀登絕壁的運動員，爬上了高高的發射塔架。為了使操作過程不產生一丁點靜電火花，他們帶的全是連接了地線的工具。

只是，衛星穩定裙拼接黏合得天衣無縫，要打開它太難了。時間一分一秒地過去，兩個技工又不能急，因為動作過猛容易產生靜電。

烈日下的發射塔架反射著刺眼的光，孫家棟感到時間似乎靜止了，他的心跳也要跟著停止。

兩名技工終於拆開穩定裙，插上電源插頭後，又動手細心地黏合、組裝好新的穩定裙。

一個新的難題擺在孫家棟面前：即使十五時可以完成任務，剛剛黏合的穩定裙也需要一定的時間凝結。就像膠水一樣，得乾了才能黏緊。

孫家棟立即組織現場專家，討論能否把發射時間往後推。

衛星總體部的科技人員覺得可行，因為時間愈久，穩定裙凝結愈緊，衛星的各項準備工作愈充份，但基地的同志們想抓緊時間，因為在氣象「窗口」內發射，更有成功的把握。火箭專家也希望早點發射，因為火箭裝足推進劑之後，等待愈久愈不安全。

到了下午十五時，大家還在熱烈討論。看來，要統一大家的想法很難。作為技術總負責人，這個時候孫家棟必須拿定主意。他果斷做出「發射推遲半小時」的決定。

發射場隨即進入發射前的準備。

十五時三十分，發射陣地上的人員全部撤到地下指揮控制室。

開始進入倒計時……

隨著一聲「點火」，等待已久的火箭像巨龍一樣昂首沖天，巨大的呼嘯聲震耳欲聾，橘紅的火焰噴射而下，無比壯觀，無比輝煌。

可是，這壯觀的一幕只持續了二十一秒。

離開地面後，運載火箭就開始大幅度搖擺，飛行二十秒後它失控了，而這時候，衛星還牢牢地對接在火箭上。

為了避免火箭失控，給人民群眾造成巨大的生命財產損失，火箭飛行軌道的設計中裝有一個安全自毀系統，如果偏離軌道的角度大於允許值，火箭就會爆炸。現在，指揮員不得不啟動這個火箭自毀系統。

到了第二十一秒，火箭在空中掉頭，隨後爆炸。轟然的巨響，彷彿天空在咆哮。巨大的爆炸氣浪中，衛星被彈射出去，在空中劇烈地解體了。衛星碎片向四面八方飛了出去，紛紛掉落到戈壁灘上，那裏成了一片火海。

安裝在衛星內部的二十幾件「引爆裝置」，這時候也像被引燃的爆竹，跟著爆炸了。天空燃燒得更劇烈了，血色的氣浪橫掃一切。大地顫抖得更厲害，一聲聲爆響，就像它的嗚咽。

煙塵漫天，火光飛掃，彷彿世界末日降臨。

地下指揮室的人還沒搞明白情況，都以為發生了大地震。

但孫家棟知道，這不是大地震。他預感到這次返回式遙感衛星和運載它的「長征二號」火箭凶多吉少。

五分鐘後，外面情況相對穩定，孫家棟才被允許離開地下指揮大廳。他踉踉蹌蹌地走出來，抬頭一看，內心是灰暗的。

此刻，戈壁灘和天空，都還是一片火光。

那承載著無數心血的衛星，已在熊熊大火中化為灰燼。

孫家棟無力地撲倒在地上，淚水不可抑制地流了下來。等基地的人過來扶起孫家棟，才發現地面一片滾燙，而痛苦的孫家棟就這樣久久地趴在上面，把淚水灑落在這片炙熱的土地上。

夕陽西下，天邊一片血紅。

好久好久，緩過勁來的孫家棟，立即帶人查看現場錄影，分析火箭爆炸的原因。

事故雖然發生了，但得從中找到原因，避免下一次發生，這是事故的最後價值。

經過初步判斷，問題很可能出在火箭上。因此，孫家棟動員所有人，分散到酒泉廣闊的戈壁灘上，搜集火箭和衛星的殘骸。

他要求，不管殘骸大小，哪怕是一截銅絲、一塊鋼片，也要搜集回來，交給它所屬系統的人。

各系統的人要對殘骸進行細緻檢查，一點點地對接成形。

這是一項瑣碎而又龐大的工作，但孫家棟要求大家把工作做細，一定要找出爆炸的元兇。

這種做法簡直就像是大海撈針。幸運的是，一段兩寸長的導線被證明有問題，在X光透視下，它表面膠皮完好，裏頭的銅線卻有裂痕，用力拉一下，銅線就斷開了。

這讓孫家棟更深刻地認識到，品質就是一切，品質就是航天人的生命。

其實在這件事之前，孫家棟就非常注重品質。在研製「東方紅一號」衛星時，因為上海某廠生產的四芯插座未達到品質要求，孫家棟就帶著國防科委開的介紹信，親自跑去上海，請上海市委督促生產廠家嚴格控制品質，生產出符合衛星要求的插座。

在孫家棟的堅持下，廠家集中了最有經驗的老師傅，日夜討論和研究，終於高品質地做出一批符合要求的插頭。

這次，火箭毀於一根導線，讓孫家棟對品質要求得更為嚴苛。他隨後要求：一個真空管零件壞了，火箭或者衛星上的所有儀器，都不能再用這一批次的零件，不論好壞都不能用。

因為衛星上所用的儀器和部件，必須能承受火箭發射時的振動衝擊，還要能適應太空中強輻射、高低溫差等極端環境考驗，所以，衛星零件要求的品質，是一種特殊品質——既要能在地面過關，也要能在天上過關。

此外，孫家棟還要求，每一個在試驗中出現過的故障，都要在相同的條件下，反覆做一樣的試驗，讓故障一次次地浮現，然後再來分析是儀器的問題，還是環境的問題。

後來，孫家棟更是推動航太界建立品質體系和品質管理制度。如今，航太界有一個鐵的「品質問題技術歸零」的要求：定位準確，機理清楚，問題復現，措施有效，舉一反三。

從失敗中總結經驗，在失敗中重新出發。孫家棟很快振作起來，再次投入返回式遙感衛星的第二次發射準備工作中。

這次，他們能否成功？

驚心動魄的六個小時

研製返回式衛星，在當時可是世界尖端的技術。

美國和蘇聯的返回式衛星都是經歷過很多次失敗後，才成功回收。美國一九五九年開始研製「發現者號」返回式衛星，經過三十八次飛行試驗，十二次回收失敗，不斷改進，才獲得成功；蘇聯的返回式衛星試驗次數就更多了。

從這個意義上說，中國第一顆返回式衛星首次發射失敗，也是很正常的。

但發射的失利，還是驚動了中共中央。

中共中央專委主任葉劍英找來四次擔任核試驗委員會主任、三次擔任核現場試驗總指揮的張愛萍，讓他主管這件事，一定要讓「尖兵」返回式衛星順利上天、回收。

一九七五年八月十八日，孫家棟收到張愛萍的指示：所有從事「尖兵」遙感衛星研製的工人、技術員、幹部和器材管理人員，一定要認真複查。凡是自己查出的問題，不追究責任；如果能查出問題並解決了，那就是對國家負責。

八月十九日，張愛萍主持召開了「長征二號」第二次質量動員大會。會上，張愛萍鼓勵大家繼續努力，把「尖兵」送到太空，成為中國的「天兵」。

會後，孫家棟他放下心裏的包袱，再次率領中國航天人打響了第二次發射「尖兵」返回式衛星的工作。

返回式衛星的難點在於：不是返回地球就可以了，還要讓衛星落到指定的地點。落到海底找不到怎麼辦？落到國外怎麼辦？

這些問題難住了孫家棟，他廣泛徵求大家的意見。

有人提出，在衛星上裝個「炸藥包」，也就是自毀系統。只要發現軌道不正常，控制不了落點，就下指令在空中炸毀。

「炸藥包」裝好了，衛星進入發射場。離發射的時間愈來愈近了，又有人提出意見：如果衛星準確地落到了指定地點，但是在天上轉了幾圈的「炸藥包」出了毛病，工作人員打開衛星蓋子，「炸藥包」卻爆炸了，那不就毀了衛星和自己人？

這樣一說也很有道理，那這「炸藥包」到底是裝還是不裝？

孫家棟做為衛星技術負責人，他必須拿定主意，這讓他倍感壓力。

那幾天，孫家棟白天、晚上都在思考這個問題。因為抉擇太困難了，加上工作勞累，他長期超負荷的身體已經吃不消，但他還是得像往常那樣，召開會議討論，和技術人員一次又一次論證，裝還是不裝。

最終，孫家棟做了決定：衛星萬一飛到國外，屬於外交問題；如果「炸藥包」把衛星和自己人炸了，那就是重大事故。外交問題可以協商解決，重大事故就無可挽回了。怎麼算，外交風險都要小於爆炸風險，所以他決定取消安裝「炸藥包」。

衛星在發射場完成了各項測試，看著操作人員小心翼翼地將「炸藥包」從衛星上拆除，孫家棟心裏那塊懸著的石頭，好像也被人搬走了。

為了避免再一次發射失敗，孫家棟每天都泡在技術陣地，要求各系統不厭其煩地一次又一次測試，要確保「返回」沒問題。

一九七五年十一月十五日，「尖兵」返回式衛星和「長征二號」火箭完成了技術陣地測試，轉運到發射陣地，完成了發射前的所有工作。

在衛星發射前夕，孫家棟被召回北京，負責在發射與回收的中樞機關坐鎮指揮。

北京比陣地更需要孫家棟。

十一月二十六日，「長征二號」運載火箭攜帶返回式遙感衛星「尖兵」成功發射升空。

火箭按規定程序飛行，衛星進入了預定軌道後，分佈在中國各地的地面測控站對衛星進行追蹤、測軌、遙測和遙控。

孫家棟的心情跟大家一樣，有喜悅，又有擔憂。以前操心的是衛星能不能成功發射，衛星入軌後擔心能不能正常工作，現在，他又為衛星能不能正常返回而擔心。

「尖兵」返回式衛星雖然出發了，但能不能順利回來，孫家棟心裏沒底。按原來的設計，返回式衛星的回收區是四川省成都市的東南部，但衛星發射後，卻消失得無影無蹤。

當時，中國和越南關係很緊張，萬一衛星飛到越南，上面又沒有自毀系統，那就會變成極難解決的外交問題。孫家棟的心揪緊了。

從中午十二時到下午十八時，中國國防科委的搜索部隊和雷達等追蹤系統都在全力追尋「尖兵」，但怎麼也找不到它。

牽掛衛星回收情況的中國國務院不斷打來電話詢問：「衛星找到了嗎？」

這讓指揮中心十分尷尬和不安。孫家棟更是度秒如年，他一會兒站起來，一會兒坐下去，眼睛不時盯著雷達顯示器。每當電話響起來，他都會緊張，既盼著能有好消息，又擔心是壞消息。

這讓他想起當年發射「東方紅一號」衛星，他在北京指揮部接聽前線電報時的情景，那時候他感覺自己像被放在火上烤。這次，情況也差不多。

畢竟，「尖兵」返回式衛星的發射，傾注了太多航天人的心血。追求百分百的孫家棟，無法容許第一次發射失敗，第二次再失敗。

下午這六小時，對孫家棟來說像一個世紀那麼長。好在坐在對面的張愛萍舉重若輕，還不時安慰孫家棟兩句。

十八時三十分，貴州省軍區打電話報告總參謀部：在關嶺鐵索橋旁的樹林裏，民兵發現了一個不明飛行物，奇形怪狀的。當地民兵懷疑，是國外敵人乘坐的飛行器。

孫家棟接到消息，激動得差點跳起來，他知道那應該就是「尖兵」了。

張愛萍立即打電話，命令貴州省軍區嚴密保護現場，由國防科委派人去處理。

大家趕到關嶺鐵索橋旁的樹林一看，正是返回式衛星「尖兵」，它砸在了山北坡的一棵松樹上。

衛星沒有設計掛鈎，圓滾滾、滑溜溜的，不好扛，也不方便抬。幸好有個看熱鬧的老大爺出了個主意：把衛星跟兩根長木頭捆綁在一起，就可以把衛星抬起來了。

飛機運回了這顆從九天雲外返回的「尖兵」，孫家棟立刻帶人進行處理。衛星的穩定裙、降落傘、部份電纜和儀器燒壞了，底片盒摔出了兩個窟窿。這讓孫家棟的心再次揪緊，他擔心底片盒裏的攝影膠卷會曝光，那樣一切努力就都白費了。

不過，很快孫家棟就收到了讓他喜出望外的報告：膠卷只曝光了兩層，內層還是完好無損的。衛星雖然部份燒壞，但畢竟是按預定時間返回，也取得了可喜的遙感試驗資料，所以，後來對外宣佈的新聞公報說是「取得了基本的成功」。

這也標誌著中國成為美國、蘇聯之後，第三個掌握衛星返回技術的國家。

直到這一刻，孫家棟全程緊繃的心才放鬆下來，這場持續幾天幾夜的奮戰終於可以停歇了。

在這次「尖兵」返回式衛星發射過程中，他幾乎耗盡了體力，是為了國家航太事業的責任心，支撐著他堅持下去，最終等到了勝利。

但還有更多的重擔，還在等著孫家棟去挑！

三步併作一步走

第一顆返回式衛星「尖兵」發射成功之後，中國更多的返回式衛星奔向太空。

這些衛星在資源普查、大地測量、攝影定位方面發揮著巨大的作用，它們的出現，讓人類在地球上無法進行的許多試驗都變得簡單起來。

首顆「尖兵」衛星返回地面後，孫家棟就被提升為中國空間技術研究院副院長，不久又升任院長。

這時候，中國把研製和發射同步軌道通信衛星列為國家重點工程，而重擔再次落到造星人孫家棟的肩頭。

這個擔子，可是比發射架還重。

那麼，什麼是同步軌道通信衛星呢？

所謂通信衛星，就是可以接收和轉發無線電信號，進行地面站之間或者地面站與太空飛行器之間通信的衛星。

地面的訊息以電磁波的形式發射，衛星天線接收後，再通過轉發器轉發回地面。這樣，天南海北的訊息都能又快又準地傳遞了。

所以，通信衛星與地面的位置必須保持相對不變，固定在中國的上空，否則就轉發不了信號。這就叫「同步軌道」。

地球從西向東自轉，衛星運行的速度要與地球同步，才能達到同步軌道的效果。當然，有時候軌道也要做適當的調整，防止各個通信衛星的無線電信號互相干擾。

國際電信聯盟組織規定，衛星間隔是五度一顆。地球圓周為三百六十度，也就是有七十二顆的容量。只要有國家佔據了一個軌道，其他國家就不可再用。因此，能發射衛星的國家，都在爭先恐後地佔領太空軌道。

中國需要儘快發射同步軌道通信衛星，佔領自己的空間軌道。

自從一九四五年英國科幻小說家亞瑟·查理斯·克拉克在自己的作品中預言了通信

衛星之後，到一九七五年，美國和蘇聯的通信衛星都已進入第三代。

國外發射通信衛星通常分三步走：第一步，進行中高軌道試驗；第二步，發射試驗通信衛星；第三步，發射實用通信衛星。

那麼，要不要也分三步走呢？這個問題在中國空間技術研究院爭議很大。

孫家棟覺得沒必要，因為中高軌道的試驗比較費時，而且對發射實用通信衛星沒有起到關鍵作用，這一步可以跳過，以符合國家「急用」的要求。

大家接受了孫家棟的意見，但都堅持第一顆發射的是試驗衛星，等第二顆再發射實用衛星。

孫家棟覺得，分兩步走還是太慢了，可又得尊重大家的意見。於是，他在深思熟慮後，把「試驗」與「實用」融為一體，決定研製一顆同時具有試驗和應用功能的「試用」衛星。

這個創造性的融合，不僅彌合了分歧，還提升了這顆衛星的綜合價值。一旦試用成功，就可以轉為正式。這等於還是把兩步走的設想用一步走來實現。

但通信衛星技術含量非常高，「一步走」的風險也跟著提高很多。好在孫家棟的這個構想，得到張愛萍的大力支持。張愛萍說：「只要你們把該辦的事情辦好，該做的工作做細，剩下的責任都是我的。」

有了這份鼓勵，孫家棟可以放心給大家佈置任務了。他讓大家不要有顧慮，就算「試用」衛星失敗了，也是試驗中的正常現象。

在當時，通信衛星是一門全新的學科，結構比之前的衛星都複雜，技術也比以前的衛星更加密集，連它的運載火箭，都要專門設計研製。

通信衛星不是只要發射升天就算成功，它的天線要能接收地面的電磁波，也要能向地面發送電磁波；它的轉發器要能把接收到的信號轉譯成另一種形式的信號，再發出去。而跟衛星聯繫的地面應用系統叫「地球站」，也得全新研製出來。

根據當時的計畫，在發射場的測試時間大約需要七十天。

通信衛星非常複雜，萬一發射失敗了，不管是衛星還是火箭出現故障，要把故障找出來，少說也需要兩三個月，排除故障還得花更多的時間。如果衛星和火箭都出問題，那耗時就會更長，嚴重影響國家「急用」的要求。

這可如何是好？

一九八三年的金秋十月，張愛萍到了西安測控中心，對通信衛星的飛行控制和技術準備做檢查。

孫家棟負責陪同檢查，在這個過程中，他突然受到老將軍的啟發，和科學家們想出了「故障預想」的科學概念，也就是讓測控人員提前練兵，對所有可能出現的故障大膽預想，想出一個，排除一個。

為防萬一，孫家棟還準備了兩顆衛星、兩枚火箭，一旦發射失敗，馬上第二次發射，保證發射進度。

經過兩個多月的緊張準備，發射時間定為一九八四年一月二十九日。

在發射前的準備過程中，孫家棟天天穿著那件沾滿沙塵的軍大衣，在西昌衛星發射基地來回奔波。

隨著發射臨近，另一個難題又擺到孫家棟面前：衛星發射地選在西昌，但是衛星測控中心在西安。

那時候交通不便，從西昌到西安有一千多公里，乘車一天一夜都到不了。

孫家棟必須確保，這顆通信衛星既能發射成功，又能成功測控。因此，他不得不在兩個現場之間來回奔波。

長期舟車勞頓，除了身體的疲勞，他的精神也高度緊張，到西安時擔心西昌發射基地出事，在西昌又擔心西安測控中心有問題。

畢竟，這是中國的第一顆通信衛星，大家都是摸著石頭過河。

直到發射前的兩三天，孫家棟才決定由副總設計師戚發軔留在西昌，自己去西安測控中心。

張愛萍指示：西安測控中心現場，也要像西昌的衛星發射現場一樣成立一個有權有威的司令部，第一指揮長由基地司令擔任，第二指揮長由試驗隊長擔任。

一月二十九日愈來愈近了。這次，又有一個「第一次」在等著孫家棟去締造，他能否順利完成？

千鈞一髮的大搶救

一九八四年一月二十七日，孫家棟進駐西安衛星測控中心，為中國第一顆通信衛星發射升空做準備。通信衛星將定點在東經一百二十五度，與地球同步運行。

衛星發射時的推力由火箭提供，但衛星到了太空，修正軌道和控制姿態，就要靠衛星上安裝的幾枚小推力火箭了。

在衛星的所有發射軌道中，大橢圓軌道是最節省能量的：當衛星在三級火箭推動下進入圓形的停泊軌道時，要二次點燃衛星上的第三級火箭，幫助衛星進入大橢圓轉移軌道。這一躍，可以躍到三萬公里以上的高空。這是因為真空中基本沒有阻力，一點點的推力都能讓衛星高速運動。

三級火箭作用很大，但對它的可靠性要求很高，要確保兩次點火都能成功。問題在於，運載通信衛星的，是最新研製出來的「長征三號」，這是結構比之前更複雜的三級火箭，它第一次使用了低溫推進劑，第一次應用兩次點火的發動機。雖然發射之前經過多次試驗，但能否成功，沒人有把握。

再難，也得迎難而上。

一九八四年一月二十九日，孫家棟懷著激動的心情，迎來了人生中又一個第一次。火箭正式發射後，就像一輪噴薄的紅日，氣勢磅礴，直沖蒼穹。

「飛行正常！飛行正常！」

耳邊傳來激動的報告聲，孫家棟暗暗鬆了口氣，這對他來說，就是勝利的報告聲，也是世界上最好聽的聲音。

第一級火箭飛行正常；

第二級火箭飛行正常；

第三級火箭飛行正常；

……

就在大家以為勝利在望的時候，第三級火箭第二次點火失敗。

第三級火箭點火不成功，衛星進入了近地低軌道，大橢圓軌道卻怎麼也上不去了。

孫家棟感到一個巨大的難題壓了過來，因為按照設計，衛星要爬到最高點，然後在大橢圓軌道運行，大約每十小時三十分鐘繞地球一圈。這樣才能給地面測控留下充足時間。

如今衛星落在低軌道上，繞地球一圈變成了九十多分鐘，測控的時間太少了。

更要命的是，通信衛星必須到高軌道才能發揮作用。現在這麼低的軌道，通信衛星是無法正常工作的。

在這緊要關頭，孫家棟靈光一閃，能不能利用衛星上攜帶的小推力火箭，把它從低軌道往上抬升一些？

衛星上的小推力火箭只是用來調整姿態和修正軌道的，所攜帶的燃料很有限。孫家棟當然不是想用它們把衛星拉升到三萬多公里的高軌道，這非常不現實。

但孫家棟想，只要能讓衛星提升到比目前四百多公里的高度更高一些，地面就能安排各種試驗了。

情況緊急，孫家棟顧不得多想，現在最要緊的是儘快捕獲衛星。因為根據專家的意見，必須在衛星繞地球第十二圈以前捕獲它，每分每秒都很重要，關係到衛星能否順利挺過這關。

然而目前這個軌道，衛星九十多分鐘繞地球一圈，速度非常快，地面測控中心怎麼才能抓住轉瞬即逝的時機？

而且，火箭和衛星是在故障出現時分離的，目前衛星還在旋轉，它是頭朝前還是腳朝前呢？如果不能精準判斷朝向，小火箭推力用錯，那衛星不但不會向上升，還會向地球掉落！

在測控中心的指揮下，測控站的操作人員迅速進入忙碌狀態，一旦衛星進入中國的可測空域，測控站的雷達就展開搜索。終於，在第十一圈的搜索中，雷達發現了目標。衛星被捕獲的消息傳到測控中心以後，人們開心得幾乎要跳起來。

現在是挽救衛星的緊急情況，孫家棟讓測控中心保持冷靜，根據發射過程的實際情況，進行嚴密的理論分析和精確的計算，計算衛星姿態的各種可能性。等計算出一定的結果後，孫家棟又跟大家一起分析哪一種可能性最大。

得出結論後，孫家棟斷然下達了「點火」的指令。

四百多公里上空的小推力火箭點火後，測控中心一片鴉雀無聲，所有人都緊張地盯著面前的螢幕。

但沒過多久，大家就忍不住歡呼起來。觀察結果證明大家的判斷是正確的，此刻衛星正在旋轉中不斷向上升高。

經過一番搶救，衛星的軌道高點，從原來的四百七十四公里升高到六千四百八十公里，運行週期也從九十多分鐘延長到一百六十三分鐘。

就這樣，衛星從一個沒用的低軌道，進入可以做試驗的高軌道。

通信衛星有個重要的任務，那就是轉播電視節目。當時，設在石家莊的電視衛星節目發射站，通過這顆衛星試驗，證明轉播的電視節目品質良好。

所以，每當衛星到達六千四百八十公里的軌道高點，都有十幾分鐘可以轉播電視節目。

而這寶貴的十幾分鐘，也開啟了中國電視衛星轉播的新紀元。

在這場起死回生的搶救中，孫家棟發揮了巨大的作用。他憑藉著科學知識和高超的技術，抓住一線生機，展開了驚險萬分的「天地大搶救」，在千鈞一髮之際，讓本來已經發射失敗的通信衛星，變成一顆具有很高科學研究價值的衛星。

這不能不說是一個奇蹟。

押上身家性命的簽名

第一顆通信衛星雖然被搶救過來，發揮了試驗價值，但孫家棟很不滿意。他回到離開了一百多天的北京後，立刻召集技術人員制訂新方案，務必確保第二顆試驗通信衛星能順利發射。

忙完一切，孫家棟回到離別已久的家。在家中的信箱裏，他翻到一封從遼寧寄來的信。信是一位老大媽寄來的。

大媽說：「社會上都在傳，搞導彈的不如賣茶葉蛋的。我是賣茶葉蛋的，聽說你們這麼困難，我願意用這幾年賣茶葉蛋掙的錢支援你們。」

孫家棟看完信，眼淚不由得奪眶而出。當時正是中國改革開放初期，也是中國航太最困難的時期，沒想到普通百姓居然這樣支持航太事業。

這封信讓孫家棟內心受到很大的觸動，他再次感受到航太事業的崇高，也更堅定了要把第二顆試驗通信衛星發射成功的決心。

在孫家棟的帶領下，一九八四年三月下旬，第二顆試驗通信衛星和運載火箭完成了技術陣地的測試工作，運往發射中心。

很快，通信衛星、運載火箭、發射設備、地面測控設備和幾千公里外的「遠望號」測量船隊，都做好了準備。

但進入四月後，西昌衛星發射基地經常下雨，給氣象預報帶來很大的困難，發射「窗口」也變得很短，通常只有一個小時左右。

擺在孫家棟面前的難題，是如何在這麼短的時間內，把衛星成功發射出去。

四月八日，正是第二顆試驗通信衛星預定的發射時間，這一天也恰好是孫家棟的生日。

這天中午，晴空萬里，孫家棟倍感開心，他覺得趕上自己生日，天公一定會作美的。沒想到，三個小時後，天空飄來層層烏雲。

孫家棟有點急了，再過五個小時火箭就要升空，會不會遭遇雷雨？

要知道，低溫的火箭最怕雷雨。

孫家棟打電話給氣象局詢問情況。

氣象局做了短期預報：十九時前後場區無雷雨，地面風速小於每秒五公尺，天氣狀況良好。

可是，這預報可靠嗎？孫家棟心裏很沒底。

這時，有人給孫家棟請來一位七十多歲的老人。據說，當地人都稱這位老人是「活氣象」，他預測天氣非常準。

孫家棟彷彿抓到了一根救命稻草，他立即請老人做現場預報。

老人看了看天空，又看了看孫家棟，笑了：「不用擔心，今晚沒有雨，如果說錯了，我一輩子不喝酒！」

孫家棟不由得笑了，心裏也稍稍放鬆下來。他和指揮員們商量了一下，決定按原計畫發射。

到了傍晚，真如老人所預測，漫天烏雲消散，月朗星稀，是個發射衛星的好「窗口」。

於是，發射場立刻給運載火箭加注燃料。

十九時十五分，衛星插頭脫落。衛星、火箭、設備的參數全部正常。

孫家棟暗暗鬆了口氣，希望在自己生日這天發射的衛星能一帆風順。

十九時二十分，大地劇烈震動，火箭一飛沖天，直奔夜空。

二十分鐘後，火箭準確進入軌道，衛星火箭正常分離，衛星順利地在大橢圓轉移軌道上飛行。從各個測控站傳來的消息看，衛星從四百多公里的近圓軌道運行到遠地點高度三萬八千多公里的大橢圓軌道，十小時三十分鐘繞地球一周，衛星的儀器都運行良好。

從衛星升空開始，孫家棟就一直死死盯著螢幕，現在，他終於稍稍鬆了口氣。

到了四月十日八時四十七分，衛星上的所有儀器工作狀態依舊正常，溫度也適宜，孫家棟就下令調整軌道。

隨著遙控指令下達，衛星上的小火箭準確地在遠地點點火了，衛星抬升，精準地進入準同步軌道。

孫家棟又發出遙控指令，衛星在小火箭的調整下，順利地向定點位置飄移。

從衛星開始發射至今，快兩天過去了。孫家棟和他的專家團隊都沒闔過眼。

成功的喜悅激勵著大家，每個人都精神抖擻，跟著孫家棟的指揮棒，對衛星做測量、計算、控制、點火，大廳裏一片歡快的氣氛。

衛星的最後定點位置，設計在東經一百二十五度上空。

此刻，它正持續的接近那個位置。

問題就在這時候突然冒了出來，只見螢光幕上突然顯示蓄電池溫度在升高。

現場突然安靜下來，每個人都呆住了。

此刻，衛星沐浴在太陽中，根本不需要用蓄電池供電，蓄電池溫度怎麼會升高？而且溫度升高的速度飛快，幾分鐘就往上升攝氏一度。

很快，蓄電池的溫度就達到了攝氏二十五度。

按照設計，蓄電池的最高溫度要低於攝氏三十度，以這樣的飆升速度，根本不容大家去思考。

螢幕上的數據仍在跳著……

沒多久，螢幕上的數字就由綠色變成血紅的攝氏三十度。

紅色是警告訊號，意味著危險，如果不趕快排除故障，整個衛星都會受到影響。

設計蓄電池系統的天津電源研究所副所長也在場，可他也弄不清楚這是什麼情況。

孫家棟急了，逼問副所長：「在所裏的試驗中，蓄電池的耐溫值到底是多少？還有多大的冗餘，讓我們來解決問題？」

副所長想了下，說：「試驗時……曾達到過攝氏五十度。」

孫家棟眉頭皺得更緊了，也就是說，如果不能在蓄電池溫度超過攝氏五十度之前解決問題，那一切都遲了。

面對眾人投過來的目光，孫家棟想了下，果斷下令，對衛星進行大角度姿態調整。

但要面對太陽多少度呢？技術人員問。

孫家棟想了想，問控制系統的專家：「紅外線地平儀的視角寬度是多少？」

專家說：「視角寬度是二十五度。」

孫家棟沒有時間再徵求各方的意見，就說：「那就把角度調到二十五度。」

但調整之後，蓄電池溫度依舊在上升，漸漸達到攝氏四十五度。

沉悶的控制大廳裏，空氣簡直要凝固了，每個人都死死盯著螢幕。

現在，衛星的姿態角已經調到極限，再調下去地球就會接收不到衛星的信號，還可能會失去對衛星的控制。

一顆失去控制的衛星，是沒辦法實現通信功能的。

在這個慌亂又緊急的時刻，孫家棟讓自己冷靜下來。他明顯感覺到，經過角度調整，蓄電池升溫已經沒那麼快了，也就是如果再往下調，升溫可能會停止。

孫家棟問身邊的控制系統專家：「紅外線地平儀試驗時，視覺寬度是否留有冗餘？二十五度是不是極限？」

專家回答說：「有的儀器會留下少許冗餘，也就二十七度多，有的儀器沒有，就只有二十五度。」

孫家棟心中燃起希望，既然有的儀器有冗餘，那現在只能死馬當活馬醫，就當衛星上的那個儀器是有冗餘，放手一搏。

因為如果不調，衛星就真完了。

孫家棟決定絕地求生，他要求技術人員「立即再調五度」。

大廳裏的人都驚呆了，這也太冒險了，而且一下子調五度，這超過了角度冗餘。

通常情況下，下達指令是要審批簽字才能執行的，但這時候，辦理審批手續已經來不及了。操作指揮員拿來一張白紙，在上面寫下「孫家棟要求再調五度」，讓孫家棟簽名，作為證據。

孫家棟毅然拿起筆，簽下了自己的名字，這是他人生中最沉重的一次簽字，每一筆孫家棟都把自己的身家性命押了上去。

但孫家棟這一把押對了。衛星上的儀器還真有角度冗餘，而且超過五度，調整之後，地面沒有失去對衛星的控制，蓄電池的溫度也停止了上升，慢慢恢復正常。

孫家棟因為全程精神高度緊張，累得筋疲力盡，無力地坐到椅子上。

大廳裏響起一片鼓掌聲、歡呼聲。要知道，孫家棟對「發燒」衛星的這種處理方式，可是世界航太史上絕無僅有的創舉。

創造了一個世界新紀錄

四周一片歡呼聲，掌聲是為孫家棟響起的。

但孫家棟高興不起來，看著螢幕上溫度在逐漸降低的蓄電池，他感到陣陣害怕。

如果剛才角度調整過大，地面失去對衛星的控制，這顆通信衛星會變成太空垃圾，那賠上自己的個人聲譽不說，還會讓整個團隊多年來的辛苦白費，讓國家投入的億萬元經費打了水漂。

這樣的後果太可怕了。

不過，剛才孫家棟堅持要調整角度，可不是在賭博，而是憑著多年來積累的知識和經驗，用直覺做出的判斷。

這種直覺來自他長期從事航太事業的敏銳感，更像一種本能。

但這種本能卻沒法告訴孫家棟，為什麼衛星蓄電池會出故障……而現在孫家棟最想知道的，就是這個問題的答案。

冷靜想了好一會兒，孫家棟緩緩地站了起來。他跟很多人一樣，二十多個小時沒有吃喝，也沒有休息，現在一動，全身都在顫抖。

邊上一個專家看見孫家棟這樣，有些心疼，就讓孫家棟趕快去休息。反正衛星已經「退燒」了，可以放心去睡覺了。

孫家棟搖了搖頭，他走到螢幕前，大聲說道：「我們只是暫時控制住了蓄電池的溫度，我們還不知道它為什麼會升溫，為什麼會降溫。如果我們不把原因排查清楚，找到一個徹底的解決辦法，問題等於還是沒有解決。」

大廳裏安靜下來，剛才還歡欣鼓舞的人都意識到，孫家棟的話是對的。

蓄電池雖然已停止升溫，衛星也在照常運行，但誰能保證，等衛星調回原先的角度，老問題不會重新出現呢？

孫家棟大手一揮：「大家準備一下，我們馬上開個會。必須儘快弄清楚這個故障的原因，多耽擱一分鐘，衛星仍多一分危險。」

眾人有些吃驚地看著孫家棟，他明明已經非常虛弱，明明非常需要休息，怎麼還有力氣開會？這股支撐他開會的力量，到底是從哪裏來的？

孫家棟說的「開個會」，竟然開了一整天。

雖然各個系統的專家都參與進來熱烈討論，卻沒人能給出一個合埋的理由，以致於有人乾脆說，要不讓衛星回到原來的角度，看看它是否還會「發燒」。

這個提議被孫家棟否決了，這樣做極其危險。

要是衛星再次升溫，那還得把角度調回去，但誰能確保下次回調沒問題呢？而且，萬一調的角度超過極限，失去對衛星的控制，好容易才挽回的局面，就再一次失控了。

綜合各方面的觀點，孫家棟逐漸整理出自己的思路。他讓天津電源研究所的專家們重新給蓄電池做耐溫極限試驗。

假如衛星的蓄電池能耐受六十至七十攝氏度，在太空環境裏，蓄電池的溫度很難升到那麼高，這就意味著蓄電池的溫度不會對衛星造成破壞。

天津電源研究所的專家立刻坐專機回去，加急做蓄電池耐溫極限試驗。

但試驗結果讓孫家棟有些失望，蓄電池的耐溫極限還是五十攝氏度，也就是說，不能指望蓄電池耐得住高溫了。

不過孫家棟很快又振作起來，繼續組織新一輪的研究、討論。

討論發現，衛星的天線是朝南的，而發動機則是朝北，這個時候衛星跟太陽形成的角度會讓天線吸熱減少，而發動機的吸熱會增多。

孫家棟想起來了，太陽能電池片有這麼個規律：衛星溫度低時，電池片發電量就多，蓄電池的溫度就高；衛星溫度高時，電池片發電量就少，蓄電池的溫度就低。

這個規律啟發了孫家棟和專家們：如果把衛星發動機姿態向北調整，那衛星殼體就會在太陽照射下溫度升高。這樣一來，太陽能電池的發電量就會跟著減少，蓄電池的溫度不也就降下來了？

孫家棟覺得這個辦法可以試試，立即著手進行了測試，結果發現這種調節衛星姿態的方法切實可行。

那接下來就好辦了，幾個月以後，當太陽和衛星的角度再發生變化，只要將衛星發動機做出相應的調整，就可以繼續控制蓄電池的溫度了。

半年之後，隨著太陽能電池發電效率衰減，發電量會減少很多，到時候就不用再調整衛星姿態了，因為蓄電池不會再升溫了。

在孫家棟和廣大專家們的一起努力下，同樣陷入危險境地的第二顆通信衛星，經過八天的保衛戰，最終被成功地保住了。

四月十六日十八時二十八分，衛星準確地定點在東經一百二十五度赤道上空的同步軌道上，中國終於擁有了第一顆通信衛星。

四月十七日十八時，孫家棟正式下令啟動衛星通信試驗。

試驗結果讓所有人都笑了出來，因為轉發器的各項規格都符合要求，有的還比設計指標更好。

而進行了一個多小時的電視傳輸試驗後，結果同樣讓人興奮，轉播的畫面、色彩、伴音效果都超過預想。

多路數位電話的通信試驗也傳來捷報，隔著七萬多公里的距離，通信雙方沒有受到一點兒噪音聲干擾，話筒裏的聲音聽起來就像有人在耳邊說話。

消息傳出去後，世界各國都給中國發來賀電。

其中，美國航太總署署長貝格斯在給中國航天部的賀信中寫道：「……你們完全可以為中國航太計畫中的這一重要里程碑感到自豪，為『長征三號』運載火箭的性能感到自豪，（世界上）僅有少數幾個國家能達到這次發射所顯示的技術能力。」

這一切的順利，讓孫家棟徹底鬆了一口氣。中國航太專業人員幾千個日夜的付出，在這一刻終於迎來了真正的收穫。

而在這個過程中，孫家棟和廣大航太專家們，表現出專業的技術水準和超強的心理素質。特別是孫家棟，他臨危不懼，敢於擔當，在危急時刻拯救了第二顆通信衛星，使中國成為世界上第五個能夠發射地球同步軌道通信衛星的國家。

而且，中國首次發射的試驗通信衛星就具有實用性，在太空工作長達三年，創造了世界通信衛星發展史上的一個新紀錄。

孫家棟是創造這個紀錄的一大功臣！

「新三星」的「大總師」

在中國航太發展史上，一直有「老三星」和「新三星」的說法。

「老三星」指的是「東方紅一號」衛星、返回式遙感衛星、「東方紅二號」通信衛星。我們都知道，孫家棟就是研製「老三星」的總設計師。

而所謂的「新三星」指的是「東方紅三號」通信廣播衛星、「風雲二號」地球同步軌道氣象衛星、中國和巴西合作的「資源一號」地球資源衛星。通常，也把「新三星」稱為中國的「二代星」。

領銜研製這三大二代星的，依舊是孫家棟。

說起來，這些二代星都是為了服務國家建設發展起來的。那是在二十世紀八〇年代，中國經濟社會快速發展，為了滿足國家現代化建設需要，為二十一世紀航太技術打下基礎，國家決定開展第二代應用衛星航太工程計畫，研製新一代應用衛星。

新一代衛星不僅要求性能更先進、應用價值更高，還要能解決各系統之間複雜的匹配問題。

孫家棟因為被任命為「新三星」的總設計師，所以後來也被人稱為「大總師」。

雖然發射衛星現在對孫家棟來說已不是什麼新鮮事，但研製二代星的難度可比以前加大了許多，而且，現在孫家棟要領導的系統部門也更多了。

在這種跨專業、跨部門的研製系統裏，孫家棟是最主要的核心，他負責整個工程的技術決策、指揮和協調。其中，協調各大系統之間的技術問題和工作問題，是孫家棟的工作重點。工作難度和壓力都比以前增加不少。

憑著過去積累的經驗，孫家棟非常重視航太團隊的大力協同，他比以前更加強調各個系統部門要從全局出發，共同把目標做到最優，他也比以前更善於利用「協調」的力量。

孫家棟曾說過：「……航天產品在研製過程中，某系統出現的問題影響到了其他系統的工作，就要立即進行協調。有時候，某分系統或子系統出現的問題看似很小，而與其他系統進行總體匹配後，就有可能出現理論上想像不到的複雜問題。如同桌子與椅子的配合，如果在桌子太高而椅子雖矮但屬於正常尺寸的情況下，一般處置方法是降低桌子的高度，可如果降低桌子高度所花費的時間過長，實現的難度過大，就有可能用不降桌子而升椅子高度的辦法，來實現桌椅之間的協調。」

不過，作為「大總師」，二代星研製工程的總負責人，孫家棟的「協調」絕不是打壓、命令。相反，他為人謙虛低調，能夠認真傾聽不同意見，對科學的建議他非常樂意接受。

在研製通信衛星時，一次，有專家提出，可以把「微波統一測控系統」的新方案應用到衛星上。這種新技術從未在中國的衛星上使用過，如果應用不當，作為總設計師的孫家棟要承擔很大的風險。

但孫家棟聽了，卻覺得這也許是個思路。他組織技術人員進行分析，發現採用微波統一測控系統能提升衛星的測控效果，節省衛星上的設備，減少衛星上天線的數目，降低衛星的重量和功耗，非常可靠。

因此，孫家棟大力支持把這種測控系統應用到通信衛星上。

正是因為善於協調，又有寬廣的胸懷，孫家棟領導二代星研製時，得到許多專家的支持與配合，各系統也在他的協調下，大力協同前進。

一九九七年，在孫家棟的領導下，中國新一代廣播通信衛星「東方紅三號」準確進入預定的軌道。這顆衛星用於電視傳輸、電話、電報、傳真、數據傳輸等業務，它的成功發射，標誌著中國通信衛星技術邁上新台階。

這一年，孫家棟又帶領團隊，成功發射了「風雲二號 A」同步軌道氣象衛星。這顆衛星的上天，改善了中國氣象預報的方法，提高了氣象觀測水準。中國也因此成為世界上同時擁有極地軌道氣象衛星和地球同步軌道氣象衛星的三個國家之一。「風雲」系列氣象衛星，更是被列為世界天氣監視網全球觀測系統的一部份，在颱風、暴雨、冰雹、暴雪、沙塵暴、雪災和海冰等的監測中發揮巨大作用。一九九八年長江流域發生大洪水，它提供的氣象資料就發揮了很大作用。

除了這兩顆衛星，孫家棟對中巴合作的「資源一號」衛星，更是傾注了許多心血，用上了所有的協調藝術。

一九八七年，孫家棟與巴西國家空間研究院院長相識，經過一番長談，孫家棟敏銳地意識到，中國和巴西雖然地理位置距離遙遠，但兩國有很大的合作空間和潛力。

於是，孫家棟便和巴西國家空間研究院院長談起在地球資源衛星方面，是否有合作的可能。

一九八八年，孫家棟當時任中國航空航天工業部副部長，他開始和巴西航太部門開展合作。

不久，在孫家棟的協調下，兩國政府便簽署了《中華人民共和國政府和巴西聯邦共和國政府關於核准研製地球資源衛星議定書》。議定書明確，由兩國空間研究院一起合作，研製中巴地球資源衛星。其中，中國承擔百分之七十的經費，巴西承擔百分之三十。

文件簽署後，孫家棟便組織中國的技術人員和巴西技術人員一起討論方案，確定各自的分工，計畫就這樣正式全面展開了。

中巴合作，從一開始就出現許多需要大力協調的問題，這些問題包括研製經費到位困難，巴西的衛星承製公司破產，兩國人員語言不通、文化衝突、技術溝通困難、往來不便等。

各種問題堆積起來，導致計畫進展緩慢。

眼看合作有可能就這樣作罷了，孫家棟及時組織人員溝通問題，分析困難，制訂出相應的處置措施，保證項目能繼續進行。

在這個過程中，孫家棟發揮他在航太工作中的協調本領，解決了合作雙方的問題，平衡了雙方的關係。

孫家棟還促成兩國政府在一九九三年、一九九六年簽訂了補充協議，使得合作能不斷延續下去。

這顆中巴合作衛星的研製，足足進行了十多年。

十多年來，孫家棟為它四處奔走，花費了大量心血，在合作幾次要擱淺的時候，他都絞盡腦汁，竭盡所能去協調問題，一次又一次讓合作起死回生。

當這顆被命名為「資源一號」的衛星於一九九九年在太原衛星發射中心成功升空

時，站在發射場上的孫家棟感慨萬分。

只有他知道，為了這顆中外合作的衛星能順利發射，他耗費了多少心力。

但孫家棟的努力是值得的，「資源一號」發射成功，中巴隨後開展了後續合作。

二〇〇一年，孫家棟親自帶隊到巴西，現場檢查中巴聯合研製的第二顆資源衛星。

二〇〇二年，中巴又簽署了《關於繼續開展資源衛星合作的相關協議》。協議規定，中巴將繼續合作開發第三顆、第四顆衛星。

中巴合作開發資源衛星，也給中國帶來了很好的社會效益、經濟效益。

就這樣，孫家棟主導的「新三星」都圓滿地升空了。

如今，中國已經擁有種類齊全的運載火箭，發射了通信衛星、氣象衛星、資源衛星、海洋衛星、科學技術衛星、導航衛星等眾多類型的衛星。

這標誌著中國航太技術水準已經進入世界先進行列。

嫦娥真的奔月了

發射人造地球衛星、開展載人太空飛行和深空探測，是人類航太活動的「三大領域」。

在孫家棟等中國航天人幾十年的努力下，中國完成了前兩大件，但在深空探測上，一直沒有獲得突破。

隨著中國國力的發展，中國航天人開始把目光投向更遙遠的太空，籌劃著以月球探測為起點，向深空探測這個空白領域展開探索。

人類對月球的探測可以追溯到二十世紀五〇年代，特別是一九五九年之後，美、蘇圍繞月球探測展開激烈競賽。這次競賽，以一九六九年七月「阿波羅十一號」登月達到頂峰。

當時中華人民共和國剛成立，國力貧乏，中國人無法像阿姆斯壯那樣，在月球上邁出人類的一大步，但中國人的探月夢從沒有停止過。

隨著二十一世紀的到來，眼看著中國國力不斷提升，孫家棟開始意識到，以中國所掌握的衛星技術、運載火箭技術、測控網技術和發射技術，已經具有月球探測和月球科學追蹤研究的能力。

因此，孫家棟多次呼籲，中國應該儘快開展探月工程。

二〇〇一至二〇〇二年，在中國國防科學技術工業委員會帶頭下，孫家棟召集中國航太工程技術人員和月球科學家，全面論證探月一期工程——繞月探測的可行性。

論證過程中，最大的難題是怎麼解決中國深空測控能力的不足。畢竟，當時中國太空載具的最遠距離為離地球七萬公里，而月球離地球有三十八萬公里。

怎麼才能測控這麼遠距離的月球探測器？

為了解決這個問題，孫家棟帶領眾多專家，花了兩年的時間，分析了海量數據，攻克了一道道難關，最終找到一個可行的技術方案，那就是利用已經建成的航太測控網，再加上中國科學院在北京、上海、昆明的天文台組成的天文觀測系統，這樣的配置足夠測控繞月探測器。

至於怎麼發射繞月探測器，孫家棟主導的方案也給出了答案，那就是利用中國現有的「長征三號甲」火箭、「東方紅三號」衛星平台、西昌衛星發射中心，以及其他各種成熟技術來發射中國的月球探測器。

這些科學而又先進的結論，為中國探月工程的推出，提供了有力的科學依據。

二〇〇三年二月二十八日，中國國防科工委在北京召開「二〇〇三年民用航天工作會暨探月工程籌備會」。會上提出「正式啟動探月工程籌備工作」，孫家棟被任命為探月工程籌備階段的總設計師。

年邁的孫家棟挑起中國航太史上又一個具有里程碑性質的重擔。

二〇〇四年，世界上掀起一輪探月狂潮，時任美國總統的布希在演講中提出美國重返月球計畫，歐洲制訂了月球和火星探測的「曙光女神」計畫，印度公佈了「月球初航」

探測計畫……

而中國也在這一年正式啟動繞月探測工程。因為，只有自己擁有了科學實力，才能直接參與國際月球資源的開發活動，為未來開發月球資源奠定基礎。

中國的繞月探測工程被命名為「嫦娥工程」，第一顆繞月衛星被命名為「嫦娥一號」。

這是繼嫦娥奔月的傳說、陶成道「萬戶飛天」的嘗試之後，中國人又一次飛向月球。「嬋娟從此不寂寞，廣寒期盼故鄉人」。

已經七十五歲高齡的孫家棟再次為國掛帥。在很多人看來，孫家棟是「兩彈一星」的元勳，已經榮譽滿身，他這個時候完全沒有必要再參與風險巨大的探月工程。要是工程出了問題，會影響老先生過去創造的輝煌。

但孫家棟不這麼認為，他認為，只要國家需要，他就去做，這是一個中國航天人最基本也最重要的素質。

月球探測對中國航天人來說是個全新的課題，一期工程要解決很多新的關鍵技術和難點，比如軌道設計與飛行程式控制、遠端追蹤測量與地面操作控制的實現等。

當時，很多人希望能在繞月工程裏多用新技術，但孫家棟持反對意見。他從多年的實踐經驗出發，認為一項系統工程並不是技術最先進、性能最優、功能最強就是最好，最重要的還是各系統間要協調和匹配，總體最優才是最好。

所以，孫家棟認為，最好的辦法是將成熟技術與新技術交叉使用，最大限度地保證可靠性，才能保證工程目標的實現。

而且，因為中國探月工程起步比較晚，孫家棟提議，要優選探測目標，做一些別人沒做過的事，既填補中國探月空白，也形成自己的特色。

在孫家棟的帶領下，「嫦娥工程」有條不紊地推進著。

這個時候，即便已經年近八十歲，腰椎間盤突出厲害，需要拄著枴杖才能走路，孫家棟也仍然像年輕時那樣，經常往西昌發射場跑。很多東西，他必須到現場看著，才能夠安心、放心。

探月工程中，有許多問題對孫家棟來說都是新的難題。他經常為想問題，整天沉默寡言，陷入深思之中。

有一天半夜，老伴突然發現身邊的孫家棟不見了，她忙起來去找，卻發現孫家棟站在陽台上，呆呆看著外面。

這副樣子讓老伴有些慌了，她急忙問孫家棟怎麼了。

孫家棟看了一眼天空，說：「我在想怎麼去月球呢！」

原來，孫家棟心裏揣著一些關鍵的技術難題，晚上怎麼也睡不著，剛好看到窗外有月亮，他就起來，一邊觀察著月亮是怎麼移動的，一邊想著探月工程的技術方案。

他就這樣一直站在陽台上，老伴很不放心，一會兒給他披衣服，一會兒給他拿椅子。

轉眼間，時間來到了二〇〇七年。

這年九月初，「嫦娥一號」衛星進入發射準備狀態，孫家棟頻繁地在北京、四川、山西之間來回奔波。

對於一位老人來說，這是一場體力和意志的消耗戰，但對孫家棟來說，航太事業是他生命中最重要的部份，即便年紀大了，身體差了，他也能從這份事業中享受到生命的意義。

二〇〇七年十月二十四日，在世人的注視下，「嫦娥一號」探測衛星成功發射。孫家棟顧不上休息，馬上又投入到後續任務的跟進中。他乘坐專用飛機從西昌趕回北京，幾乎每天都待在北京航天飛行控制中心，凝望著衛星運行的數據圖，一顆心都牽掛著那些跳動的曲線。

在孫家棟眼裏，那一條條曲線代表著衛星不同的狀態，往上抖或往下走，它們之間的一個小偏差，很可能關係到「嫦娥一號」奔月的成敗。特別是衛星被月球成功捕獲的一剎那，看到速度值出現一個拐點，孫家棟的心差點要跳出來。

還好，有驚無險，飛行了三百二十六小時的「嫦娥一號」，經過四次地球軌道加速、一次中途軌道修正、三次近月制動共八次變軌，在飛行了一百八十萬公里後，成功進入環月工作軌道。

當第一張屬於中國人的月球照片傳到控制中心時，所有人都沸騰了。

這意味著「嫦娥一號」實現了「準時發射、準確入軌、精密測控、繞月出圖」的要求，也意味著中國成為繼美國、俄羅斯、歐盟和日本之後第五個進行月球探測的國家。對中國人，對中國航天人，對孫家棟來說，這一刻都等了太久。

一萬年太久，只爭朝夕

長期從事衛星發射工作，每天要面對各種問題，一生更是在多次發射試驗中遇到無數困難和險阻，孫家棟早就養成了穩如泰山的性格，他很少大喜，也很少大悲。

但在「嫦娥一號」衛星繞月成功的那一刻，孫家棟卻在控制中心落淚了。

當時大家都沉浸在歡樂的海洋裏，歡呼雀躍，只有孫家棟默默轉身，低頭掏出手絹，一遍遍擦淚，這一幕剛好被一個攝影師拍到，呈現在中國億萬電視觀眾面前。

這個鏡頭當時感動了很多人。誰都能體會到，那是老人喜悅的淚水，是老人在艱苦拚搏後，流下的激動的淚水。

對孫家棟來說，他落淚是為國家和民族自豪，也是為航天人自豪，更是為沒有辜負國家和人民的期望而開心。

二〇〇七年，對「嫦娥一號」來說，是發射升空的關鍵年份，對孫家棟來說，也是最繁忙的一年。

一年內，他十次進入發射場，五次現場指導發射任務，參加了上百個會議。探月工程有太多的事要他去落實，在一個又一個城市之間飛來飛去對他來說是家常便飯。

老伴魏素萍曾經心疼地說：「他總是天天跑，穿皮鞋太累，我就給他買布鞋，每年光布鞋他能穿壞四五雙。」

一位年近八十歲的老人，一年居然要穿破好幾雙布鞋！

而在為「嫦娥一號」發射忙碌的日子裏，孫家棟還高瞻遠矚，組織人員編製探月工程第二期實施方案。單是從二〇〇七年三月二日到七月十三日，孫家棟就主持召開了八次「探月工程第二期實施方案編製專家組會議」。

中國的航太事業，正是依靠這種拚搏精神，才從無到有，成功地使中國步入世界航太大國的行列。

但孫家棟始終認為，自己就是個平凡的航天人，做的也是很簡單的事：國家需要我到哪裏，我就到哪裏；交給我任務，我就把任務完成好。

二〇一〇年，孫家棟獲得了中國國家最高科學技術獎。在獲獎感言裏，他發自內心地說：「心情非常激動，非常榮幸。自己感覺，航天事業是千人、萬人大家共同勞動的結果，是社會主義集中力量辦大事的優勢下產生的，獎勵是給予航天事業的肯定。自己做得有限，心情不安，只有感謝各方面對我的支持和培養，向共同戰鬥的同志們表示感謝。……航天的事情一絲一毫都馬虎不得，每個人手中的事情看似不大，但集合起來就是事關成敗、事關國家經濟利益的大事情，不論是哪個航天人，他都會想盡一切辦法把事情辦好。如果要說我自己，那我也就是那千千萬萬航天大軍中的一份子。」

在慶祝中國首次探月圓滿成功的時候，有一位記者採訪孫家棟。

記者問道：「孫總，假設我們實現了載人登月，航天員又可以把一件屬於您自己的東西帶到月球上做為永久紀念，您希望帶什麼上去？」

孫家棟說：「我是這樣看的，假設將來真正實現了我們中國人登上月球的那一天，每一克都是非常寶貴的，我相信我不會帶我自己的東西，肯定要根據我們國家整個事業的要求來帶更重要的東西。你可以看一看我們的『嫦娥一號』衛星，它本身的重量是兩千三百五十公斤，裏頭裝的推進劑就佔到一千兩百公斤。而要把這件飛行器送到月球，它的代價相當大。所以你可以想一想，載人登月每一克的價值是多少。我們絕對會精打細算，讓每一克都用得非常有意義。你問我自己想帶什麼上去，這個我絕對不敢設想。」

記者又指著孫家棟面前的月球儀問道：「既然您說上月球的每一克重量都很寶貴，不能隨便帶，那您希望以自己的名字命名上面的某個地形嗎？這總歸不佔份量了吧？」

孫家棟樸實地笑了：「不敢想，從來沒想過。不過自從參與了探月工程，現在每天晚上抬頭看月亮，那感覺和從前好像是有點不一樣了。」

這些年，中國航太事業發展迅速，但孫家棟覺得還可以更快，就像毛澤東詩詞裏說的，「一萬年太久，只爭朝夕」。他希望能盡自己最大的力量，推動中國航太事業持續發展。

在他的努力下，中國探月計畫二期工程實施方案順利獲得國家批准。

二〇〇九年，孫家棟八十歲，這年三月一日十六時十三分，「嫦娥一號」衛星在地面控制下，順利撞向月球預定地點。

這標誌著中國月球探測一期工程畫上了圓滿的句號。

但對孫家棟來說，這不過是偉大的探月工程的另一個起點。

期待吧，北斗導航系統！

今天，我們在生活中經常會用到導航設備。

無論是車載的導航儀，還是我們手機裏的導航地圖，它們都依靠衛星來給我們定位，再為我們規劃路線。

孫家棟說過，人造衛星的功能主要有三種：訊息獲取、訊息傳遞、訊息定位。其中，訊息定位包括空間定位和時間定位，也就是幾時幾分，你在什麼地方。

這種訊息定位，就是衛星導航。衛星能為我們導航，是因為有一個衛星導航系統在工作。這個系統由導航衛星、地面控制中心和接收機三部份組成。

其中，導航衛星在天空中給我們傳遞訊息，地面控制中心負責訊息中轉，而接收機呢，就是用來接收衛星信號的設備，它可能是導航儀，也可能是我們的手機，或者其他能接收衛星信號的儀器。

以前，我們使用衛星導航時，要依靠國外的導航衛星來提供衛星信號，最常用的就是美國的全球定位系統，簡稱ＧＰＳ。

二〇一二年，隨著中國「北斗二號」第十六顆導航應用衛星的發射成功，中國的北斗衛星導航系統亞太組網成功了。

說到北斗衛星導航系統，不得不又說到孫家棟。這是因為孫家棟是中國北斗導航系統第一代和第二代工程總設計師，他推動了中國北斗衛星導航系統的組網和應用。

早在二十世紀九〇年代，孫家棟就深刻意識到，擁有自己的衛星導航定位系統，對於保障中國主權和軍隊來說非常重要，還能給民間應用市場帶來巨大的經濟價值。

因此，孫家棟聯合專家，一起向中共中央軍委總裝備部寫信。他在信裏說：衛星導航定位系統是國家重要的戰略設施，是現代化、資訊化的基本保障，中國必須有自主權，依靠外國、依靠金錢是買不回來的。他強烈建議發展中國自己的衛星導航系統。

孫家棟這話怎麼理解？

很簡單，當時人類正在進入資訊化階段，很多尖端武器，像導彈之類，都要依靠衛星定位，才能精確擊中目標。如果使用別國的衛星來導航，一旦發生敵對情況，別國掐斷我們的衛星導航信號，那我們的尖端武器就變成「瞎子」了，導彈也沒辦法飛出去，只能在彈倉裏待著。

如果我們有自己的導航衛星，不管是和平年代，還是戰爭年代，都不用擔心被人掐住脖子。別國掐不斷我們的衛星導航信號，自然也就不敢隨便來欺負我們了。

孫家棟這個提議在當時引起了強烈反響，後來推動了北斗衛星導航工程的發展。

一九九四年十二月，孫家棟被任命為北斗導航試驗衛星工程的總設計師，開始啟動系統的研製和建設。

到了二〇〇〇年，這項工程開始轉入應用實施階段。四年後，孫家棟被正式任命為北斗第二代導航衛星工程總設計師。

今天，全球衛星導航系統已成為經濟社會中的基礎設施，給人類生活帶來很大便利，極大地促進了經濟的發展。中國建設北斗衛星導航系統，就是要向中國乃至全球免費發送信號，提供免費服務，給人們帶來方便，促進社會進步。

中國的北斗衛星導航系統由空間段、地面終端、用戶段三部份組成。其中，空間段由若干地球同步軌道衛星、傾斜地球同步軌道衛星和中圓地球軌道衛星三種軌道衛星組成混合導航星座。

這是個規模宏大的工程，為了完成它，孫家棟充份發揮他的大局觀，制訂全盤方案，並為運載火箭、衛星、發射場、測控通信、地面應用五大系統提供技術難關協調、測試疑點分析協調、研製進度協調、技術狀態協調、技術變更協調……以最優化的方式，推動各系統的大力協同發展。

二〇〇七年四月十四日，中國正式發射第一顆北斗二代衛星，北斗衛星導航系統建設也因此走上了快速發展階段。

二〇〇九年，中國發射了第二顆北斗導航衛星；二〇一〇年，中國一口氣發射了五顆北斗導航衛星；二〇一一年發射了三顆；二〇一二年又發射了六顆。

這樣，在短短五年時間裏，中國以世界罕有的速度，把預設的十六顆北斗衛星都成功發射。

這十六顆衛星組成一個區域網路，它將提升中國在國際導航領域的競爭力，能更好地服務中國乃至世界各國人民。

而北斗衛星導航系統的建設，也讓中國突破了一箭雙星發射、多星組網、高精度星載原子鐘、衛星抗空間輻射加固等關鍵技術，進一步提升了航太技術水準。

中國北斗導航衛星系統發展這麼快，孫家棟在其中發揮了巨大的作用。別的不說，單是衛星發射，他就在西昌發射場指揮了十四次北斗衛星發射，每次都要和發射人員共同奮鬥，一起解決問題。

在這個過程中，孫家棟經歷了許多不為人知的艱辛。幾乎可以說，北斗衛星每一次成功發射背後，都有孫家棟無私的付出。

二〇〇七年二月三日，中國在西昌發射第四顆北斗導航試驗衛星。衛星升空後，一切都很順利，衛星正常入軌。

但孫家棟一口氣剛鬆不久，西安測控中心就傳來不好的消息：衛星進入預定軌道後，太陽能帆板沒有指向太陽，系統掉電，衛星在太空中失去了消息。

孫家棟得知這個情況後，頓時緊張起來。這可是個大問題，因為衛星如果沒有電能，就會在零下一百多度的太空環境中凍壞。

孫家棟立刻召集技術人員，進行地面模擬試驗，尋找搶救的辦法。

經過模擬，技術人員認為，大約十天後，巡航在太空的衛星那已經展開的太陽能帆板，會吸收一定的太陽能量。有這一點兒能量，衛星就有可能向地面發送遙測數據。到時候，就可以根據這些遙測數據，來確定衛星在軌道的狀態，制訂搶救方案。

孫家棟讓各大測控平台緊盯著衛星的遙測信號。

十多天後，奇蹟真的發生了，地面收到了衛星的遙測數據！

這個時候，正好是除夕。

孫家棟顧不得回家過年，他帶著團隊，根據衛星的遙測數據，迅速制訂出搶救方案。航太研究人員、測控中心科技人員、測控站專業人員在孫家棟領導下，嚴密監測衛星數據，及時進行模擬驗證、狀態複查。

經過測算後，發現衛星每天都在下降。

孫家棟聽了，果斷決定提前讓衛星的發動機點火，用來變軌。衛星收到點火指令後，準確地變軌，進入新的軌道。

這場事件足足延續了兩個月。在孫家棟指揮下，研究人員和測控中心技術人員，克服了好幾個技術難關，最終把第四顆北斗導航試驗衛星的故障全部排除，使儀器全部恢復正常工作，衛星重新回到測控中心的掌控之中。

緊繃了兩個月，已經疲憊不堪的孫家棟，終於露出了久違的笑容。

這場地對空的大搶救，所歷經的時間是那樣長，而最終成績是如此出色，稱得上是中國航太史上又一次奇蹟。

在擔任北斗導航衛星工程總設計師的十八年裏，孫家棟長期廢寢忘食地工作，經常處於緊張的工作狀態中，他的身體健康受到不小的影響，腰肌勞損經常讓他走路都困難，大腦供血不足常常讓他感到頭暈，甚至暈倒，皮膚搔癢症讓他經常吃不好睡不好……

正是有孫家棟捨生忘死的工作，中國的北斗衛星導航系統才能逐漸成為成熟的衛星導航系統。

中國北斗衛星導航系統全面建成後，將成為世界一流的衛星導航系統，改善中國乃至世界用戶的生活。

讓我們期待吧！

我們都要感謝航天人

二〇一九年一月三日，荒蕪了億萬年的月球背面，迎來了一艘來自中國的月球探測器，它在月面上釋放出了著陸器。這艘月球探測器就是「嫦娥四號」，而這台著陸器所搭載的月球車，叫作「玉兔二號」。它們的名字裏，傾注著幾千年來中國人登上月球的願望。

而在五十年前，卻不是這樣的情景。

一九六九年七月二十日，美國「阿波羅十一號」登月小艇抵達月球軌道時，美國休斯敦航太控制中心幽默地建議太空人們要留意觀察窗外，「看能否看到那位名叫『嫦娥』的美麗中國女性」。登月小艇裏的美國太空人艾德林幽默地回答：「我會去找找那個抱著兔子的美女。」

後來，他就和阿姆斯壯在月球表面留下了太空載具的第一個「機械足跡」。

那時候的中國人也想飛天，也想去月宮找嫦娥，但國力不允許。只能日夜期盼著，中國人什麼時候也能登上月球，或者先發射一顆衛星也好。

而在這樣的期盼中，正有一群航天人默默地埋頭做事，他們用自己的脊樑，慢慢地撐起中國的航太事業。他們是航天人，也是造星人。

孫家棟就是其中傑出的一個。

我們在講孫家棟的故事，也是在講無數航天人的故事，更是在講中國航太發展史。

二〇〇六年，孫家棟在採訪時強調：「幾十年的歷史實踐已經讓我們深刻認識到，最先進的武器是買不來的，軍工核心技術是買不來的，航天尖端產品是買不來的……」

所以，孫家棟才會懷著強烈的使命感，把所有心血都傾注到中國的航太事業中；才會用大力協同的思維，去團結所有航天人；才會勇於承擔責任，勇往直前，開拓進取。

所以，發誓要造一輩子「中國星」的孫家棟才會說：「中國航天事業對我們民族而言太重要了，在航天這個團隊裏，自己願意有多少力盡多少力，絕不保留。」

從孫家棟的言行舉止，可以清楚地感受到，中國航天人是如何滿懷壯志為國爭光，如何自強不息、頑強拚搏、團結協作、開拓創新的，也更能體會「特別能吃苦、特別能戰鬥、特別能攻關、特別能奉獻」的載人航天精神。

如今，「嫦娥四號」拍攝到的清晰月背照片，再次讓世界看到了中國航太技術的最新進步。但月球並不是中國太空探測的終點，中國太空探測的視野裏還包括更遙遠的目標，如二〇二〇年發射火星探測器，二〇二九年對木星進行探測。

當然，衛星上天、奔月，這些都是具有象徵意義的，證明中國綜合實力、影響力有很大提升，證明中國有能力到月球、火星去看看。

航太事業的發展，最大的受益者還是像我們這樣的普通人，從天氣預報到出行導航，從野外探測到災難救援，從打電話到看電視……我們的生活有多便利，就說明航太事業對我們的生活有多重要。

所以，我們每個人都要感謝像孫家棟這樣的航天人，感謝他們為我們做出的貢獻。

國家圖書館出版品預行編目 (CIP) 資料

孫家棟 / 吳爾芬作 . -- 第一版 . -- 新北市 : 風格司藝術創作坊 : 知書房發行 , 2021.08
面 ; 公分 . -- (嗨 ! 有趣的故事)
ISBN 978-957-8697-85-0(平裝)

1. 孫家棟 2. 傳記

782.887 109003436

嗨！有趣的故事

孫家棟

作　　者：吳爾芬
責任編輯：苗　龍

發　　行：知書房出版
出　　版：風格司藝術創作坊
235 新北市中和區連勝街 28 號 1 樓
電　　話：(02) 8245-8890

總 經 銷：紅螞蟻圖書有限公司
台北市內湖區舊宗路二段 121 巷 19 號
電　　話：(02) 2795-3656
傳　　真：(02) 2795-4100
http://www.e-redant.com

版　　次：2021 年 9 月初版　第一版第一刷
訂　　價：180 元

ISBN 978-957-8697-85-0
Printed inTaiwan